2021 年度广西壮族自治区旅游管理一流本科专业
建设项目（编号：327002060103）

冶金工业出版社

普通高等教育“十四五”规划教材

生态旅游学

韦倩虹　肖婷婷　编著

全书数字资源

北　京
冶 金 工 业 出 版 社
2025

内容提要

本书共分8章，主要内容包括生态旅游学概论、生态旅游的理论基础、生态旅游者、生态旅游资源、生态旅游业、生态旅游与环境管理、生态旅游市场机制和生态旅游规划等内容。

本书可作为高等院校旅游管理专业的教材及生态旅游从业人员的培训用书，也可供有关科研人员和企业经营管理人员参考。

图书在版编目(CIP)数据

生态旅游学/韦倩虹，肖婷婷编著.—北京：冶金工业出版社，2022.9(2025.1重印)

普通高等教育“十四五”规划教材

ISBN 978-7-5024-9237-3

Ⅰ.①生… Ⅱ.①韦… ②肖… Ⅲ.①生态旅游—高等学校—教材 Ⅳ.①F590.75

中国版本图书馆CIP数据核字(2022)第160771号

生态旅游学

出版发行 冶金工业出版社 **电　话** (010)64027926
地　址 北京市东城区嵩祝院北巷39号 **邮　编** 100009
网　址 www.mip1953.com **电子信箱** service@mip1953.com

责任编辑 王 颖 美术编辑 彭子赫 版式设计 郑小利
责任校对 梅雨晴 责任印制 禹 蕊
三河市双峰印刷装订有限公司印刷
2022年9月第1版，2025年1月第4次印刷
787mm×1092mm 1/16；9印张；219千字；136页
定价49.90元

投稿电话 (010)64027932 投稿信箱 tougao@cnmip.com.cn
营销中心电话 (010)64044283
冶金工业出版社天猫旗舰店 yjgycbs.tmall.com
(本书如有印装质量问题，本社营销中心负责退换)

前　言

生态旅游学是研究生态旅游活动规律与生态环境伦理的一门学科，是生态学与旅游学之间的一门交叉性学科。生态旅游学旨在介绍生态旅游的相关知识概念，为人们认识、学习、应用生态旅游理论知识提供较为全面的科学解读。

传统旅游所表现出的问题促使人们对其进行进一步的思考。生态旅游一经提出，立即得到了世界范围内的响应。生态旅游作为一项以保护性、教育性和责任性为重要特征的旅游活动，是世界各国在资源短缺、环境污染和生态恶化等现实条件下的必然选择。目前，生态旅游已成为各国旅游者的时尚和旅游业的发展热点，显示出越来越强大的生命力。虽然关于生态旅游的争论很多，但可以肯定的是，生态旅游必须坚持可持续发展，而且要有完善的理论体系指导与支撑。

随着国民意识的提高，生态旅游逐渐被大家熟知，人们在发展旅游业的过程中越加重视如何在生态环境保护的基础之上开发旅游资源。在生态旅游发展的过程中，各个国家和地区都采取了一系列行之有效的措施。目前各国都已开展了不同形式和内容丰富的生态旅游活动。近年来，我国的生态旅游与自然保护区建设、森林公园管理、自然景观资源开发和生物多样性保护相结合，使得生态旅游实践迈出了科学而坚实的步伐。

本书是根据我国旅游管理专业教学大纲的基本要求编写的。在编写过程中，作者始终以生态旅游发展为主线，对生态旅游所涉及的专业理论知识进行梳理介绍。

本书运用多学科的知识与方法阐述了生态旅游的基本理论，在结构安排上突出以下内容：分析生态旅游的兴起和发展，以人与自然关系、生态美及可持续发展为基本理论，从系统的角度出发，阐述生态旅游活动得以实现的主体（生态旅游者）和客体（生态旅游资源），强调生态旅游市场是一个不断扩大和前景广阔的市场，生态旅游活动主体要以最小的环境代价谋求旅游产业的发展，分析了生态旅游规划的要点和对旅游开发的指导意义。

本书得到2021年度广西壮族自治区旅游管理一流本科专业建设项目（编号：327002060103）的资助。

本书由广西民族师范学院韦倩虹和肖婷婷共同编写，韦倩虹编写了第1~4章；肖婷婷编写了第5~8章。本书的编写得到了作者所在学院各级领导的关心和支持，在此向他们表示由衷的感谢。本书在编写过程中，参考、借鉴了大量的文献资料，在此向文献资料的作者一并致谢。

由于作者水平所限，书中不妥之处，敬请广大读者批评指正。

作　者

2022年3月

目　　录

1 生态旅游学概论

本章主要介绍了生态旅游产生的背景与发展历程，生态旅游概念的基本内涵，生态旅游的原则、特点、功能、分类及基本模式，以期对生态旅游的基本理论进行简单梳理。

1.1 生态旅游的产生与发展

近年来，生态旅游以其对环境的关注，对经济、生态、社会效益的多重维护得到了世界的广泛认同，被看作是实现可持续旅游的最佳形式。生态旅游作为一种新型的旅游活动类型，其产生和发展有深刻的社会、经济及文化背景。

1.1.1 生态旅游的产生

生态旅游与全球性环境问题导致的人类生存环境的恶化、人类生态意识的觉醒、有识之士积极倡导保护环境的绿色浪潮和传统大众旅游业存在的诸多弊端及旅游业生态化的需求等因素都有着密切的联系。它是人类生态意识和生态理性日益增强，旅游业可持续发展等多重背景下的必然选择。

1.1.1.1 人类生活环境质量的恶化

从本质上说，人类是地球自然环境发展到一定阶段的产物，人类的生活、生产及一切活动都离不开自然环境。随着农业的产生，人类生活在自己建造的村镇，农业带来的砍伐森林、破坏草原、水土流失、沙漠化等生态环境问题并没有引起人们的太多注意；随着工业的产生和迅速发展，工业化、都市化使越来越多的人聚集到城市居住。同时，工业、农业、交通业的现代化和城市人口的过度密集，造成了严重的环境污染，使人们尤其是城市人的生活环境质量急剧恶化。

A 空气不洁

在城市，尤其是大城市，产生氧气的植物减少，消耗氧气的成分增加。一方面是消耗氧气的人口数量增加，另一方面是人类生产和生活中，诸如工厂的化学氧化反应，生活、生产和交通快速氧化反应的燃烧，以及污染物进入空气中进一步的氧化反应等耗氧成分增多，使城市大气中氧气含量远远低于自然环境中大气氧气含量，取而代之的是由于大气的污染所造成的不洁空气，例如雾霾天气。被污染的不洁空气吸入人体，对人的呼吸器官、血液循环等均会产生一定的危害，严重者生病甚至死亡。

B 水质不净

水是生命之源，是人类生活和生产不可缺少的物质和原料。自然界的水体是洁净的，人类早期生活和生产的废水习惯于排入江河湖泊，由于水体具有自净能力，也不存在环境问题。但当工业迅速发展、人口迅猛膨胀的城市也按习惯将大量污水不经净化处理排入自然水域，超出了水体自身净化能力时，就出现了水质污染。水质污染是城市生态环境中一个十分重大的问题，它加剧了城市的水荒。

C 食品不“绿”

人类的食物除水外，主要为生物食品。人类早期的食品取之于自然，但现代城市人的食物与大自然提供的天然食品存在很大的差距，对人体的健康存在潜在的威胁。在此情况下，人们渴望自然食品，即“绿色食品”，故现在全球“绿色食品”风靡。

D 噪声污染

噪声是人们不需要的、使人厌烦的声音。城市噪声主要指由工业、交通、建筑和社会生活所发出的与环境不协调，人们感到厌烦而不需要的声音。随着城市化和工业化的推进，城市噪声问题日益严重。噪声对人的身体健康有巨大影响，超过 50dB 的噪声会影响睡眠和休息，疲劳难以消除，正常的生理功能会受到一定影响。

1.1.1.2 人类环境意识的觉醒

实际上，生活在有问题的环境中的人类随时都在忍受着缓慢的、肉眼看不见的毒害作用，使人类的生存出现了环境危机。有识之士已认识到这一点，开始关注环境问题，并对解决这一问题开展理论上的探索和行动上的绿色运动。

A 对生态环境问题的关注

1962 年，美国女海洋生物学家 R·卡逊的《寂静的春天》可以说是人类对生态环境问题开始关注的标志。她向人类发出了警告：正是人类不顾自然，乱用有机农药，引起了毒物在土壤、河流、空气和食物链中转移，如果这种情况持续下去，将导致一个没有鸟儿鸣叫的寂静春天。她进一步提出了人类应该与其他生物共同分享地球，在人与生物之间建立合理的协调关系，这样才能维持人类的健康的观点。该书的出版在全世界引起了轰动效应，引发了一代人对人与自然关系的重新审定和思考。

B 对解决环境问题的思考

1972 年 6 月，联合国在瑞典首都斯德哥尔摩召开了由 114 个国家参加的第一次“人类与环境会议”，把人们对生态环境问题的认识大大地向前推进了一步。大会提出了人类面临的多方面的环境污染和广泛的生态破坏问题，并揭示了它们之间的关系，在此基础上提出了防治环境污染的技术方向和社会改革措施。会议通过了著名的《人类环境宣言》，提出了“只有一个地球”的口号，要求人类采取大规模的行动保护环境、保护地球，使地球不仅成为现在人类生活的场所，而且也适合将来子孙后代的居住。

C 解决环境问题的社会行动——绿色运动

随着人类对环境问题的思考，20 世纪六七十年代，保护自然已发展成为一种行动，即绿色运动。这种运动已经发展出许多组织和政党。这些绿色组织形成了一股强大的政治力量，由这些绿色组织和绿色政党领导的绿色运动，尽管各自有不同的组成部分和特殊目的，但有一点是一致的，即生态思想，用生态思想将各种不同的思想联系在一起，汇成波涛汹涌的“绿色思潮”。

D 绿色消费潮

绿色消费潮使公众逐渐认识到地球环境问题不仅是一个科研问题，还是一个与每个人的生存相关的大问题，从而对自己吃、喝、穿、呼吸的空气的质量产生怀疑。为了生存，人们将消费转向无污染的自然，形成一股绿色消费潮。吃的崇尚“绿色食品”，一些过去认为是粗粮、杂粮、山野菜的食物变为时尚；喝的喜欢深山中的无污染的“矿泉水”或经净化处理的“纯净水”；穿的追求质地自然的棉、毛、麻；而对于难以用交通工具运输来的清洁空气和大自然的宁静，人们则愿意利用闲暇时间到大自然中去享受，这就是以自然为旅游对象的绿色旅游，即生态旅游。

1.1.1.3　传统大众旅游的生态化

传统大众旅游的迅猛发展为生态旅游奠定了物质基础，但按惯性承袭了工业的思维和管理方式，存在与自然不协调的问题。绿色浪潮对传统大众旅游的冲击，使传统大众旅游出现了生态化趋势，形成了一种崭新、文明的生态旅游趋势。

A　传统大众旅游为生态旅游奠定坚实的基础

传统大众旅游的建立有两个前提：一是剩余物质；二是剩余时间。建立在传统大众旅游基础上的旅游业在全球发展十分迅猛，这主要得益于日益增长的传统大众旅游需求和科学技术赋予旅游业的强大的开发力。各国、各地区均在景观特异、环境质量好的区域迅速建设旅游区，接待络绎不绝的旅游者，获得了较好的旅游经济效益。随着旅游业的发展，旅游者已不满足于走马观花的观光旅游，其旅游需求向着多元化、特色化和参与化发展，其中绿色消费在旅游中的需求日益增长。

B　传统大众旅游的不足

传统大众旅游在处理人与自然的关系上存在不足，主要是不注意对旅游对象的保护。在农业文明，甚至工业文明时期都得以保护下来的自然和文化遗产地内，传统大众旅游高举着“无烟工业”的旗帜进入，把传统大众旅游设施强加于遗产地，把旅游地无力承载的超额旅游者引进，仍然走的是一条以环境和自然为代价的高经济效益的道路。从旅游者角度来看，旅游作为一种精神追求和享受，实际上追求的却是一种豪华奢侈的物质享受，认为金钱可以买断自然。在旅游区内，不少珍稀动、植物的栖息地受到干扰，甚至成为桌上美味，“围城的垃圾”又被带到旅游区，即使在追求精神价值的旅游过程中，人们仍不善待自然。传统大众旅游开发管理者和游客的思维和行为不禁使人担心传统大众旅游业的发展对生态环境的影响和破坏。

C　生态旅游是人类文明的追求

传统大众旅游不注意保护旅游对象即大自然的做法是行不通的，在绿色浪潮中，传统大众旅游业注入了生态观。人类的文明体现在与自然的协调上，工业文明由于偏离了自然，已不是“文明”，新的文明应该是生态文明，指的是人类遵循人、自然、社会和谐发展这一客观规律而取得的物质与精神成果的总和。它以尊重和维护自然为前提，以人与人、人与自然、人与社会和谐共生为宗旨，建立可持续的生产方式和消费方式为内涵，引导人们以持续、和谐的发展道路为着眼点。在这种文明的指导下，无论旅游管理者还是旅游者都应认识到作为旅游对象的大自然是经过亿万年漫长演化的，具有极高价值，应该珍惜和保护。无论开发还是利用，都应与其协调、平等相处，从与自然的相处中得到真正的精神享受。这种生态旅游才是人类先进的生态文明所追求的精神享受的旅游。

1.1.2　生态旅游的发展历程

生态旅游作为一种特殊形式的专项自然旅游，是旅游市场需求结构发生变化和以大众旅游为特色的旅游业发展到一定阶段的产物，具有深刻的环境背景和旅游者心理基础。从生态旅游的产生到现在，生态旅游大致经历了萌芽起步阶段、蓬勃发展阶段和稳定成熟阶段。

1.1.2.1　生态旅游的萌芽起步阶段（20世纪60年代~80年代初）

20世纪60年代开始，欧美各国经济快速恢复，一些国家迅速进入所谓的“富裕社会”，现代旅游业也随之大规模发展，其渗透的广度和深度不断增加，人们对传统的大众旅游形式所带来的生态环境危机也日益关注，一些学者开始思考户外野生动植物的自然庇护及游憩活动的关系，探索如何正确利用自然，实现旅游发展和环境保护之间的平衡，进而提出了一系列与生态旅游近似的以自然取向为特点的调整性旅游活动，这些调整性旅游活动都有一个共同的特点，那就是“负责任的旅游”。可以说，这些旅游形式就是针对大众旅游的缺点而对自然观光活动进行的修正。传统大众旅游的特征是人数多、规模大，对环境冲击严重；而调整性旅游活动则是小规模、低密度的活动，它分散于非城市地区，而且不像大众旅游那样拥有来自各阶层的游客及各式各样的参与者。这种新型旅游形式的参与者通常具有良好的教育背景或有较高的收入，需要寻找新的刺激和满足。可以说，当时提出的调整性旅游活动，已经与生态旅游相当接近了。

20世纪70年代后，一些经济发达国家和发展中国家的早期生态旅游实践陆续出现了。美国于1872年建立世界上第一个国家公园——黄石国家公园，它既是自然保护区又是旅游区，以保护原生生态环境为前提，适度地开发旅游活动，并将旅游活动对生态环境的影响控制在合理的限度内。可以说，黄石国家公园的建成和开放开了生态旅游实践的先河。

继黄石国家公园之后，美国又相继建立了368个国家公园，并且都向公众开放，成为人们回归自然的最佳去处。继美国之后，欧洲各国及日本、澳大利亚、加拿大等发达国家也相继建立起了各自的国家森林公园体系。它们分别制定了保障生态旅游发展的法规和条例，培养出一批从事生态旅游产品开发、经营的专业机构和企业。生态旅游的发展在这些发达国家取得了良好的效果。

而在发展中国家，非洲的肯尼亚和南美洲的哥斯达黎加是发展生态旅游的先驱。肯尼亚针对国家野生动物保护而宣布禁猎令，在“用你的镜头来猎取肯尼亚”的理念下相继推出了野生动物之旅和土著文化旅游等。哥斯达黎加为保护森林资源，在全国建立了20多个“生态保护区”“自然保护区”和“国家公园”，并相继开展了热带雨林旅游和观鸟观兽旅游等。这些都是生态旅游的早期实践，或者说为以后即将到来的大规模的生态旅游实践活动奠定了基础。

我国生态旅游也是在此时兴起，1982年，国务院批准建立了第一批风景名胜区，建立了第一个国家森林公园——张家界国家森林公园。虽对生态旅游概念还较为陌生，但已经认识到了要将旅游开发和生态环境保护有机结合。

1.1.2.2　生态旅游的蓬勃发展阶段（20世纪80年代初~90年代末）

20世纪80年代初期，“生态旅游”的概念被正式提出，并得到旅游界和自然保护界的认同。

20世纪80年代中期到20世纪90年代是生态旅游的真正发展阶段。这一时期，旅游学者们在对生态旅游的实践活动进行了大量考察的基础上逐渐统一了认识，虽然这一时期还没有一个统一的、规范的生态旅游定义出现，但他们大多已经认识到生态旅游对资源和环境的重要意义。因此，已不仅仅把它看作满足旅游者身心享受的一种旅游方式，而是把它与旅游目的地的发展和保护联系到一起。在这种较深的理性认识基础上，作为一种新兴的、负责任的旅游方式，生态旅游活动有了全面发展，生态旅游实践在中国、哥斯达黎加、厄瓜多尔等一些发展中国家，以及美国、日本、澳大利亚、新西兰和欧洲等经济发达国家和地区取得成功，获得了明显的社会、经济、环境效益。

20 世纪 90 年代，随着生态旅游在一些国家的成功实践，越来越多的组织、政府部门、研究人员、企业、当地居民、非政府组织等介入生态旅游的实践与探索，使生态旅游的概念不断清晰、完善，各种原则和框架也不断建立，各种生态旅游产品不断涌现。

根据世界旅游业的发展可以推断，生态旅游的迅猛发展是由西方发达国家推动的，它们是生态旅游的主要客源地，虽然这些地区本身不具有生态旅游资源优势，但它为生态旅游活动的开展提供了源源不断的客源市场。同时，那些资源丰富的发展中国家可以提供各种类型的高山区、森林区、峡谷区、高原区、草原区、洞穴区、湿地区、自然保护区等供生态旅游者去观光游览。所以，在 20 世纪 90 年代世界各国均形成了生态旅游的巨大热潮，不仅生态旅游范围越来越广，活动规模越来越大，体验类型也越来越复杂。

1.1.2.3 生态旅游的稳定成熟阶段（20 世纪 90 年代末至今）

进入 21 世纪，随着生态旅游在世界范围内的进一步发展，生态旅游进入稳定成熟发展阶段。生态旅游得到了更广泛的关注，生态旅游的发展上升到更加理性的层次，两个重要的事件可以说明这一点，一是《莫霍克协定》，另一个是世界生态旅游峰会与《魁北克生态旅游宣言》。

2000 年 11 月 17~19 日，联合国环境署（UNEP）、世界自然基金会（WWF）、国际标准化组织（ISO）、绿色环球 21 组织（Green Globe 21）、国际生态旅游学会（TIES）共同讨论制定了国际生态旅游认证的原则性指导文件——《莫霍克协定》。该协定的重大贡献之一就是提出了鉴别生态旅游产品的标准，标志着生态旅游进入一个全面发展的新阶段。

2002 年被确定为“国际生态旅游年”，同年，联合国环境规划署和世界旅游组织发起了世界生态旅游峰会，有 132 个国家的 1000 多名代表出席，会议发表了《魁北克生态旅游宣言》，就今后生态旅游的发展提出了针对政府、私有部门、非政府组织、学术机构、国际组织、社区和地方组织的一系列建议。围绕主题年世界各地还召开了一系列区域性生态旅游研讨、培训活动，制定了众多相关法律和政策。在这些措施下，生态旅游产品不断丰富起来，森林、野生动物栖息地、湿地、草地、岛屿等都成为重要的生态旅游活动开展地。生态旅游市场也根据生态旅游者不同的兴趣爱好被具体划分为观鸟、潜水、自然爱好者、考古学家、洞穴学者、徒步旅行者、登山者、环境保护主义者和自我价值实现者。世界生态旅游峰会的召开和《魁北克生态旅游宣言》的发表，为各国生态旅游的进一步发展实践提供了可供依据的标准和纲领，标志着生态旅游进入了一个全新而稳定成熟的发展阶段。

1.2 生态旅游的概念与原则

生态旅游已成为当今生态学界和旅游学界共同关注的话题。但目前关于生态旅游的理解众说纷纭，从而导致了许多生态旅游活动中的违规操作和破坏生态的现象，违背了开展生态旅游的初衷。因此，澄清和认识生态旅游的内涵与本质，明确生态旅游的原则是在理论方面形成生态旅游完善的科学体系的基础，也是提高生态旅游者和生态旅游目的地的开发商、经营商素质的必要条件。

1.2.1 生态旅游的概念与内涵

“生态旅游”是一个外来词汇，其英文为 ecotourism 或 ecological tourism。生态旅游这一概念自提出至今已有三十多年的时间，但对生态旅游概念和内涵的理解，国内外学者和业界人士至今还没有一个统一的定论。经过三十多年的发展，生态旅游理论研究已经形成了一些比较有影响的基本框架和方法，但是总的来说，生态旅游还处于发展初期，生态旅游理论研究离成为一门成熟的学科还有很大距离，最突出的表现就是对于研究的基础——生态旅游的定义还没有一个完整的、普适的或令大多数人信服的统一定论。

1.2.1.1 生态旅游的概念

“生态旅游”这一术语最早由世界自然保护联盟（International Union of Conservation Nature，IUCN）特别顾问、生态学家谢贝洛斯·拉斯卡瑞（Ceballos Lascurain）于 1983 年首先提出（Fennell，1999）。他认为生态旅游作为常规旅游的一种形式，能使游客在欣赏和游览古今文化遗产的同时，置身于相对古朴、原始的自然区域，享受风光，观察野生动植物。

三十几年来，具有不同学科背景的专家从各自不同的角度对生态旅游进行了定义，这些定义各有侧重。

（1）国际生态旅游协会（The International Ecotourism Society，TIES）于 1993 年将生态旅游定义为：为了解当地环境的文化与自然历史知识，有目的地到自然区域所做的旅游，这种旅游活动的开展在尽量不改变生态系统完整的同时创造经济发展机会，让自然资源的保护在财政上使当地居民受益。

（2）世界自然保护联盟（IUCN）在 1996 年提出的定义是：在一定自然区域中进行的有责任的旅游行为，为了享受和欣赏历史的和现存的自然文化景观，这种行为应该在不干扰自然地域、保护生态环境、降低旅游的负面影响和为当地人口提供有益的社会、经济活动的情况下进行。

（3）1997 年版的昆士兰生态旅游规划（Queensland，1997）将生态旅游定义为：生态旅游是一种包含了自然环境教育和解说的自然旅游，对其管理应以生态可持续性为目标。而 2008 年的昆士兰生态旅游规划中，生态旅游的定义更新为：生态旅游包含一系列基于自然的活动，使游客可以欣赏和理解自然与文化遗产，对这些活动应本着生态、经济、社会的可持续原则进行管理。

“生态旅游”这一概念在 20 世纪 80 年代传入我国，目前国内对生态旅游定义的表述有 100 多种。

纵观国内外学者提出的生态旅游定义，概括起来主要有保护中心论、居民利益论、回归自然论、负责任论、原始荒野论、环境资源论六种类型。这六种类型之间的区别与联系见表 1-1。

表 1-1 生态旅游定义的六种类型

类　型	观　点	核心内容
保护中心论	观光旅游+保护	对旅游资源和环境进行保护
居民利益论	观光旅游+保护+提高社区居民收入	增加当地居民收入
回归自然论	大自然旅游	回归大自然
负责任论	负责任旅游	旅游者对环境和资源承担维护责任
原始荒野论	原始荒野旅游	开展区域为人迹罕至的原始荒野区域
环境资源论	城市和集中居住区居民+人类最佳的生态环境	以人类最佳的生存环境因子作为主要旅游资源

资料来源：陈玲玲，等．生态旅游——理论与实践［M］．上海：复旦大学出版社，2012.

处于不同经济、文化、政治、技术环境中的人们由于不同的需求赋予生态旅游不同的定义，同时生态旅游处于不断的发展变化中，人们对其的认识也是一个不断演进的过程。因此，所有这些看待生态旅游的动态的视角对于生态旅游的实践都有着各自的意义。我们没有必要强行把所有的定义完全统一起来。因此对于生态旅游定义的认识，比较科学的方法是寻找它们的共同点，在把握生态旅游特质的基础上形成一些共识。因为国内外关于生态旅游概念的形式虽多，但其内核是趋同的，即旅游必须与环境相协调。

1.2.1.2 生态旅游的内涵

通过对国内外有代表性的生态旅游概念的分析，我们发现，在对生态旅游概念的认识不断丰富和深化的同时，对生态旅游基本内涵的认识也形成了一些共识，主要体现为四大要点，这四大要点可以帮助我们进一步深刻认识生态旅游的基本概念。

A 原生系统

生态旅游是一种依赖当地资源的旅游，旅游对象是原生、和谐的生态系统。生态旅游以回归大自然为基调，必须以良好的生态系统为旅游对象物，这里的生态系统不仅包括自然生态系统，也包括人文文化生态系统。人们带着某一特定目的（如野生动植物观察、现存文化特质欣赏等）到原始的、未受污染的或干扰较轻的自然地区，以及人与自然和谐共生的人文地区去从事旅游活动，并通过这些活动加强对当地自然和文化的认识。生态旅游不仅能使旅游者返璞归真，享受大自然，在清新、开阔、洁净的环境中修养身心，而且能够了解、研究特定区域内的自然景观、野生动植物及相关的文化特征，从中获得高质量的旅游经历。

B 生态保护

生态旅游不仅是一种单纯的生态性、自然性的旅游，更是一种强调保护当地资源的旅游，是通过旅游来加强自然资源保护的旅游活动，甚至是能直接提供环境保护实际贡献的旅游活动。所以，生态保护一直是生态旅游的一大特点，也是生态旅游开展的前提，并且还是生态旅游区别于自然旅游的最本质特点。虽然生态旅游是在自然旅游的基础上发展而来的，并且二者都以大自然作为资源基础，但它们之间仍有本质的区别：自然旅游主要强调的是利用自然资源来吸引旅游者，而生态旅游更强调在享受自然的同时对自然保护做出贡献。生态旅游必须和生态环境的保护有机结合起来，强调在维护良好环境质量的前提下开展旅游，而不能把生态消费摆在首位，不能以牺牲环境为代价。

C 社区参与

生态旅游是一种维系当地人民生活、强调社区的参与和利益的旅游。生态旅游除了是一种提供自然旅游体验的环境责任型旅游之外，也有繁荣地方经济、提高当地居民生活品质，同时尊重与维护当地传统文化的完整性的重要功能。从各国生态旅游的实践来看，无论是在发达国家还是发展中国家，“社区参与”都是其生态旅游活动的重要内容，是生态旅游履行“维系当地人民生活”的最好方式。以社区参与为基础的生态旅游活动，可以调动社区全体成员的积极性，发展目的地社区经济、维护当地环境、保护当地文化。

D 环境教育

生态旅游的“环境教育”理念与“维系当地人民生活”理念基本上在同一阶段出现。1993 年 9 月在北京召开了第一届东亚地区国家与自然保护区会议，会上指出“生态旅游应倡导增加对大众关注的旅游活动，提供必要设施，实行环境教育以便游人能参观、理解、珍视和享受自然和文化资源，同时并不对生态系统或社区产生无法接受的影响”。这一定义通常也被认为是关于生态旅游的比较成熟的一个定义。

生态旅游与环境教育的关系主要表现为两点。一是生态旅游是进行生态环境教育的知识之旅。生态旅游不仅具有享受、认识、保护自然和文化遗产的功能，还强调对自然生态和文化多样性及当地社会负责，有较强的生态环境教育功能，是一种可行的生态环境教育新途径。生态旅游正好可以是一个进行生态环境教育的无形的大学校，具有全民性、全程性和终身性，还体现了公众参与性。二是环境教育是生态旅游独具的基本特征。从一些有代表性的生态旅游定义来看，尽管在生态旅游的特性中，自然性和保护性非常重要，但仅具备自然性只是自然旅游而不是生态旅游，仅重视保护性就很难将生态旅游与可持续发展旅游相区别，因为生态旅游只是可持续发展旅游的一部分，因此，环境教育是生态旅游独具的基本特性，是其他旅游形式所无法具有的独特特性。

1.2.1.3 生态旅游与大众旅游

上文给出了生态旅游的概念和内涵，尽管如此，由于多年来缺乏权威的生态旅游概念及有效的政府宏观规制，导致社会上“伪生态旅游”招摇过市。“生态旅游”的概念被严重泛化，几乎任何一种与自然资源有关的旅游活动都被贴上了生态旅游的标签。不少地区并没有真正从“生态旅游”的角度进行旅游规划或设计旅游产品，管理更是沿袭了大众旅游的模式。因此，正确区分生态旅游与大众旅游非常重要，见表 1-2。

表 1-2 生态旅游与大众旅游的区别

类　别	生态旅游	大众旅游
目标市场定位	小众市场，人数较少的产品重度使用者	大众市场，多层次、多类型的细分化人群
旅游产品开发	产品个性化、专业化，以自助旅游为主，产品知识含量较高	产品多样化，提供周到服务的标准化旅游，产品知识含量略低
社区参与程度	社区参与旅游开发的所有环节，参与程度高且地位主动	社区参与旅游开发的个别环节，参与度较低且地位被动

续表 1-2

类　别	生态旅游	大众旅游
景区管理模式	管理的市场化程度低，在管理过程中强调传统的、民族的、地方的有效成分	管理的市场化程度高，重视现代管理理念、技术及方法的应用
环境保护	环境效益为主导，贯彻生态原则，环境检测与容量控制严格	经济效益、社会效益、环境效益相统一
投资与回报	小规模、分散式的阶段投资	追求规模效益，追求高投资、高回报

资料来源：陈玲玲，等．生态旅游——理论与实践［M］．上海：复旦大学出版社，2012.

1.2.2　生态旅游的原则

1.2.2.1　国际生态旅游协会的原则

虽然目前对生态旅游的解释多种多样，但是其原则还是基本一致的。如 1991 年以来，国际生态旅游协会通过对生态旅游的结果进行追踪考察，逐步发展起来的一套原则，这些原则被正在崛起的非政府组织、私有企业部门、政府、学术界和一些旅游目的地社区所接受，具体如下（Megan Epler Wood，2002）。

（1）把对旅游目的地的自然和文化的消极影响降到最低。

（2）对旅游者进行环境教育。

（3）强调旅游企业责任的重要性，旅游企业应与当地的政府部门和居民合作以符合当地居民的需求，并分享开发带来的利益。

（4）把部分旅游收益用于自然环境的保护和管理。

（5）需综合考虑整个地区的旅游需求，以便于整个地区的游客管理计划的设计，并使此地区成为生态目的地；注重对环境和社会基础资料的研究利用，以便于进行环境评估，同时应具备对环境进行长期监测的计划，从而把对环境的消极影响降到最低。

（6）力争使该乡村、当地企业和社区的利益最大化，特别是居住在该区域及其邻近地区的居民。

（7）力求保证旅游的发展不超过社会和环境可接受的限度，并在研究者与当地居民的合作中予以决定。

（8）充分利用已经存在的与环境相协调的基础设施，尽量减少石化燃料的使用，保护当地植物和野生动物，使基础设施与当地的自然和文化环境相协调。

1.2.2.2　《国际生态旅游标准》的原则

全球最具权威性的可持续旅游认证组织“绿色全球 21”联合澳大利亚生态旅游协会共同制定了《国际生态旅游标准》，根据该组织的建议，生态旅游需要满足以下八大原则：

（1）生态旅游的核心是让游客亲身体验大自然；

（2）生态旅游应该通过多种形式体验大自然，增进人们对大自然的了解、赞美和享受；

（3）生态旅游应该代表环境可持续旅游的最佳实践；

（4）生态旅游应该对自然区域的保护做出直接的贡献；

（5）生态旅游应该对当地社区的发展做出持续的贡献；

（6）生态旅游应该尊重当地现存文化并予以恰当的解释和参与；

（7）生态旅游应该始终如一地满足旅游者的愿望；

（8）生态旅游应该坚持诚信为本、实事求是的市场营销策略，使旅游者形成符合实际的期望。

1.3 生态旅游的特点与功能

1.3.1 生态旅游的特点

作为一种新兴的可持续旅游形式，与传统大众旅游相比，生态旅游具有鲜明的特征。综合国内外诸多学者和机构的探讨，可将生态旅游的特点概括为以下几个方面。

1.3.1.1 普及性

生态旅游是建立在传统大众旅游基础上的，因此，从参与旅游活动的旅游者量上看，是大众参与；旅游者不仅仅只限于经济和社会地位较高的人士，普通的工人、职员、学生等均可成为生态旅游者。随着社会经济的发展、大众环境意识的提高，到大自然中呼吸新鲜空气、修身养性的生态旅游将成为人们如衣、食、住、行一样的基本生活需求，生态旅游者的队伍还将不断扩大。

由于生态旅游产生的特有社会经济背景，在绿色消费潮中，绿色旅游在发达国家和地区已成为一种时尚的消费潮流，这种潮流将随着社会经济、旅游业的飞速发展而席卷全球成为一种势不可挡的全球性旅游时尚。

1.3.1.2 保护性

生态保护是生态旅游开展的前提，即是生态旅游区别于传统旅游的最大特点，也是生态旅游区别于自然旅游的最本质特点。虽然生态旅游和自然旅游都以大自然作为资源基础，但是自然旅游主要强调的是利用自然资源来吸引旅游者，而生态旅游更强调在享受自然的同时对自然的保护做出贡献。例如，狩猎旅游可以作为自然旅游，但明显不符合生态旅游的标准。

生态旅游的保护性体现在旅游业中的方方面面，对于旅游开发规划者来说，保护性体现在遵循自然生态规律和人与自然和谐统一的旅游产品开发设计；对于旅游开发商来说，保护性体现在充分认识旅游资源的经济价值，将资源的价值纳入成本核算，在科学的开发规划基础上谋求持续的投资效益；对于管理者而言，保护性体现在资源环境容量范围内的旅游利用，杜绝短期经济行为，谋求可持续的三大效益协调发展；对于旅游者，保护性则体现在环境意识和自身的素质，珍视自然赋予人类的物质及精神价值，把保护旅游资源及环境作为一种自觉行为。

1.3.1.3 多样性

生态旅游建立在现代科学技术基础上，其旅游活动的形式是多种多样的。尽管与大众旅游相比，生态旅游由于受到较多限制，活动的种类目前来看略显单调，但是其在发达国家和地区的多样性已表现出来，除了传统大众旅游的观光、度假、娱乐等旅游活动方式外，根据现代人的精神需求出现了如观鸟、徒步、滑雪、探险、科考等一系列特种生态旅游。另外，如前所述，除了优良的生态环境外，一些逆境生态景观同样对高素质的生态旅游者具有较强的吸引力。例如，徒步穿越腾格里沙漠探险，乘坐古老羊皮筏的黄河漂流及沙坡头治沙生态环保之旅，已被宁夏列为最重要的旅游产品向海内外市场推出。

由大众旅游脱胎而来的生态旅游，在广阔的大自然空间中，在满足大众回归大自然的各种旅游需求下，其旅游活动的形式必将日益丰富多样。

1.3.1.4 专业性

由大众传统旅游演化而来的生态旅游，为了满足旅游者回归大自然的精神享受，为了使旅游对象得以真正的保护，无论从旅游开发管理还是旅游产品上均应体现出专业性。生态旅游活动的专业性，首先源于旅游者的旅游需求，旅游者到大自然是整个身心的回归，开发出来的旅游产品应使旅游者在短暂的旅游活动中融入大自然、享受大自然、感悟大自然、学习大自然，从而自觉地保护大自然，这样的旅游产品开发没有具有专业知识的人是难以完成的。同时，生态旅游活动的管理也需有专业性，否则生态旅游特有的旅游对象的保护、三大效益的协调发展将成为一句空话。

1.3.1.5 精品性

“品”即“产品”或“商品”，生态旅游产品或商品应该是高质量、高品位的“精品”。随着旅游业的发展、旅游消费心理的成熟，传统的大众旅游提供的产品无论从质量上还是品位上均满足不了旅游者的需求，成熟的旅游者需要的是“真品”，是“精品”。生态旅游产品的“精品性”首先体现在“真”上，移置的、仿制的旅游景观将被视为旅游市场上的“伪”品，旅游者追求的是原汁原味的旅游真品。“精品性”也体现在质量上，粗放式开发的旅游产品被视为旅游市场上的“劣品”，旅游者追求的是货真价实的高品位的产品。“精品性”还体现在其利用价值上，精品性能经受时间的考验，不会因为时间的变迁而降低或丧失其价值。

1.3.2 生态旅游的功能

根据生态旅游的内涵，可以总结出生态旅游的四大功能，具体如下。

1.3.2.1 旅游功能

生态旅游作为一种旅游活动，其实质还是旅游，它是用原始的自然和人与自然和谐的意境来吸引、满足旅游者，尤其是满足城市及工业区旅游者身体和精神上回归大自然的需求。和传统大众旅游相比，生态旅游不主张一味满足旅游者的旅游需求，而要对其实行一定的限制。旅游活动不应该影响甚至破坏自然，如在原始森林中狩猎这一活动就是生态旅游所不允许的。

1.3.2.2 保护功能

保护性是生态旅游的基本理念和首要特点，从生态旅游概念的提出至今，保护一直作为生态旅游的核心所在，这种保护既包括不降低生态旅游对象的原有质量，也包括对其进一步的改善。生态旅游的保护功能既体现在开发过程中，也体现在利用过程中，既体现在人们的意识上，又体现在人们的行为上。正是生态旅游的保护功能使其成为旅游可持续发展的最佳途径。

从保护的主体来看，一切受益于生态旅游的人都有责任来保护，如旅游者、旅游开发者、当地社区居民及相关政府部门。从保护的动力来看，动力源于利益，但各类人的收益方式和程度不同，决定了保护动力大小程度的差异。旅游者主要受旅游利益的驱使，他们保护的动力更多的是源于环境意识；外地投资开发者主要追求短期经济效益，这些人若缺乏环境意识，往往会做出一些以牺牲资源和环境为代价的事情，保护动力难以寻找；当地社区，尤其是将生态旅游作为其重要产业的社区，其生路在旅游，追求的是一种持续的综合效益，对旅游可持续发展的资源及环境的保护，有着强劲的动力。

1.3.2.3　经济功能

社区参与是实现生态旅游“维系当地人民生活”责任的主要方式。为社区参与提供有效的途径和机会，实现生态旅游收益分配的公平化和合理化是生态旅游的核心内容之一。

生态旅游资源富集的地区往往也是社会文化相对落后、经济比较贫困的地区，它们往往因为自然条件的限制，如山高坡陡而得以完整保护。从生态上讲，这些地区往往又是生态系统极为脆弱的地区。资源的丰富、社会经济的贫困和生态环境的脆弱，使其在发展区域经济时，可以将生态旅游作为首选主要产业来发展。通过社区参与生态旅游，增加当地的就业机会，从而增加当地的经济收入，实现脱贫致富，促进社会进步和稳定。

1.3.2.4　环境教育功能

生态旅游提供的是以教育、引导为主，寓教于乐的旅游活动，生态旅游地是良好的科普教育和科学考察场所，除了为旅游者带来一般意义上的旅游体验之外，还能为旅游者带来相应的环境知识，具有显著的环境教育功能。生态旅游有助于培育人们的环保意识，提高和丰富生态知识，提高相关的科学研究水平，加深人们对自然生态环境规律的认识。

随着生态旅游实践的进一步开展，生态旅游的环境教育功能内涵得以充实，具体表现在三个方面：一是教育对象的扩大，从仅是教育旅游者发展为对所有旅游受益者如开发者、决策者、管理者等均有教育功能；二是教育手段的提高，从单纯的旅游者用心去感应的教育方式，发展为充分利用现代科学、技术、艺术等知识展示自然，使人能够更为直观形象地接受教育，教育的效果大大提高；三是教育意义更大，个人环境素养的提高固然重要，而全民环境素养的提高将是人类解决生存环境危机的希望所在。

1.4　生态旅游的基本模式

1.4.1　生态旅游的分类

划分生态旅游的类型，有利于我们对生态旅游内涵及其发展方向的认识。在对生态旅游类型进行划分时，划分的依据不同，就会形成不同的分类系统。下面将系统介绍有代表性的生态旅游分类系统。

1.4.1.1　环境影响分类系统

环境影响生态旅游分类系统的主要依据是生态旅游者的活动对环境的影响程度，主要有两种分类结果，见表1-3。

表 1–3 环境影响程度分类系统

分类系统名称	分类依据	分类结果		划分者
二类系统	生态旅游的开展对环境质量的改善状况	积极主动型生态旅游	有着更为严格标准的生态旅游，它的开展有利于环境质量的提高，代表着强调资源基础得以改善的可持续发展的形式	Orams（1995）
		消极被动型生态旅游	仅仅以维持资源现状，不对自然或人文环境造成负面影响的模式	Orams（1995）
六类系统	资源开发强度和可能造成的环境影响程度	0 级生态旅游	生态旅游的初级阶段，要求旅游者意识到旅游地生态系统的脆弱性；偶发的自然旅游就属于这一级	澳大利亚国家公园管理局
		1 级生态旅游	要求生态旅游者与其游览地的生态系统之间存在货币流动，如机场建设税等资金	
		2 级生态旅游	要求生态旅游者从自身实际出发，从事一些环境保护的工作，如种植树木、清理垃圾	
		3 级生态旅游	要保证具体的旅游系统对环境是有益的，该系统应包括国际航空旅行与当地交通和住宿设施，该层次要求旅游者对环境的影响是中性或积极的	
		4 级生态旅游	要求旅游者对环境的影响是积极的，当地应当努力采用合适的技术，如低能耗、循环利用、生态农业等，对生态系统恢复做出贡献	
		5 级生态旅游	要求包括旅游广告、交通运输、住宿接待设施及废弃物处理等方面在内的整个生态旅游系统都在遵循环境保护原则的前提下运行，这是旅游经营者、公众与资源管理机构等生态旅游倡议者追求的最终目标	

1.4.1.2 旅游者属性分类系统

旅游者属性生态旅游分类系统主要依据参与生态旅游者的人数及其消费档次与专业化程度，主要有两种分类结果，见表 1–4。

表 1-4　旅游者属性分类系统

分类系统名称	分类依据	分类结果		划分者
二类系统	旅游者数量及消费档次	严格的（hard）生态旅游	环境主义者们的特别旅行，他们组团人数较少，长时间沉浸在相对原始的自然环境中，对服务要求较低	Laura Lawton 和 David Weaver（2000）
		一般的（soft）生态旅游	普通旅游者的旅行，他们组团人数较多，旅游兴趣不断转换，生态旅游只是他们旅游活动中的一个项目而已，旅游者在规定的区域内活动，需要较高水平的服务	
	旅游者专业化程度	中坚型（hard-core）生态旅游	科研人员参加的生态旅游，或者专门为教育、清理垃圾或类似目的而组织的生态旅游	Lindberg（1991）
		热衷型（dedicated）生态旅游	专门去游览保护区或希望了解当地自然和文化历史的生态旅游	

1.4.1.3　资源属性分类系统

资源属性分类系统是以生态旅游资源的属性作为主要分类依据，具体情况见表 1-5。

表 1-5　资源属性分类系统

分类系统名称	分类依据	分类结果	划分者
三类系统	资源的类型	自然生态旅游	杨桂华（2002）
		宗教生态旅游	
		文化生态旅游	
六类系统	生态系统类型及旅游活动类型	森林休憩生态旅游	卢宏升、卢云亭和吴殿廷（2004）
		草原风情生态旅游	
		湿地观鸟生态旅游	
		沙漠探险生态旅游	
		农业体验生态旅游	
		海洋度假生态旅游	

1.4.1.4　活动属性分类系统

活动属性分类系统是以生态旅游活动开展的场所、目的、具体形式等属性作为主要分类依据，具体情况见表 1-6。

表 1-6　活动属性分类系统

分类系统名称	分类依据	分类结果		划分者
二类系统	生态旅游活动的专业性强度	主流型（main-stream）生态旅游	与众不同的旅行，很能体现生态旅游特色的旅行	Lindberg（1991）
		随意型（casual）生态旅游	在主要旅程中偶尔也会顺带感受一下自然的旅行	
三类系统	生态旅游活动开展的场所	人工自然的亲近自然		陈传康（1993）
		返回自然		
		天然“自然”的回归大自然		
	生态旅游活动的目的/内容	自然风景名胜观光生态旅游		黄耀丽（1996）
		追寻绿色休闲生态旅游		
		科学考察探险生态旅游		
四类系统	生态旅游活动的目的及形式	动植物观赏		白光润（2002）
		自然景观旅游		
		生态文化旅游		
		城市绿色旅游		
十类系统	生态旅游活动的具体形式	观鸟		国家旅游局（99 生态环境旅游年）
		野生动物旅游		
		自行车旅游		
		漂流旅游		
		沙漠探险		
		保护环境、自然生态考察		
		滑雪旅游		
		登山探险		
		香格里拉探秘游		
		海洋之旅		

由以上分析可以看出，在对生态旅游的类型进行研究时，国内外学者的研究视角存在一定差异。国外学者主要是依据生态旅游者的活动对环境的影响程度和参与的生态旅游者的数量及消费档次等进行分类，而且比较偏重前者；而国内学者则多以旅游资源的属性和旅游活动的属性为分类依据。

1.4.2　生态旅游发展的基本模式

不同的社会经济条件，不同的文化背景下，发展生态旅游的模式不同，基本模式有三种。

1.4.2.1 功能分区模式

生态旅游地主要包括自然保护区、风景名胜区、国家公园、森林公园等生态环境较好但较脆弱的区域，为了避免对当地生态环境和传统文化的破坏，同时为了生态旅游资源的优化配置，功能分区就显得尤为重要。

生态旅游地主要由旅游吸引物综合区、娱乐区、服务区三个部分构成，各个区域间都有交通线路相连，这些区域与外界也有交通干道相连。其中，旅游吸引物综合区由核心区、缓冲区、试验游憩区三个主要区域组成。核心区是区内未经或很少经人为干扰过的生态系统的所在，集中分布着珍稀的自然生态环境或文化遗产，其内一般要实行全封闭保护，仅供观测研究。缓冲区指环绕核心区的周围地区，它是对各生态系统物质循环和能量流动等进行研究的地区，也是生态旅游活动的主要进行区域，但仅限于观光，且对游客的数量有严格的控制。试验游憩区是一个多用途的地区，除了开展与自然保护区缓冲区相类似的工作外，还包括有一定范围的生产活动，还可有少量居民点和旅游设施。旅游活动的形式也不只拘泥于观光活动，还可以包括漂流、滑雪等。娱乐区配置了高密度的娱乐设施，以进行各种娱乐活动。服务区为游客提供各种服务，如饭店、餐厅、商店等。娱乐区和服务区是游客最为集中的区域，允许汽车等机动车辆进入。功能分区是对游客进行分流和对旅游资源进行可持续开发的旅游开发模式，有利于对生态旅游资源进行科学合理的开发管理。

1.4.2.2 社区参与模式

生态旅游区的社区往往具有独特的社区文化、优美的社区环境和合理的社区结构，它是生态旅游的文化载体。因此，在生态旅游的开发中，社区居民参与是生态旅游发挥优势、克服劣势、抓住机遇、迎接挑战的一种行之有效的开发、保护模式。

社区参与旅游发展具体包括旅游发展决策和旅游发展利益分配两个阶段。社区居民参与到旅游发展决策中，可以充分保证他们的利益和维护他们正当的权利。参与的程序如下：对社区的基本情况进行实地调研；在社区，对居民进行生态旅游开发的民意测验，广泛征求居民意见；深入分析调研结果，并提出相应的开发规划和策略；公示开发计划，再次征求居民意见；协调各方意见，做出最终开发部署。旅游发展利益分配主要包括经济利益分配、培训与教育、就业和商机等。整个过程需要专家的帮助和引导以及政府部门官员的协助。

通过社区参与模式，可以保持当地居民的主人地位，维护当地居民的权益；避免生态开发过度商业化，保护本土文化；增加当地人对旅游发展的认同感，并促进当地资源的充分利用；有利于旅游地居民的经济收入增加和素质提高；有利于生态旅游产品的完整性。

1.4.2.3 环境教育模式

环境教育是着眼于人类同其周围自然的和人工的环境之间的关系，为使人们正确地理解人口、污染、资源分配与资源枯竭、自然保护、技术、城市与地方的开发规划等各种因素与整个人类环境有什么关系的一种教育。它以提高当地社区和旅游者的自然生态环境保护意识为主要目标，生态旅游地良好的生态环境是生态旅游赖以生存的基础，环境保护是开展生态旅游的重要环节。

生态旅游环境教育模式将旅游与环境科普结合，旅游规划以生态旅游地环境保护为导向，设计各种旅游项目，使当地居民拥有“保护”意识并参与生态旅游开发，旅游者以对自然负责的态度进行旅游活动，防止可能导致环境破坏等问题的出现。首先，从实际生活入手，对生态旅游地居民和旅游者进行环保教育，让他们体会到良好的环境和生态旅游地的发展给他们带来的好处。其次，利用电视、电台、杂志、报纸等大众传媒，或者通过图片展示、现场演示等方法进行宣传。宣传的内容应主要包括两个方面：一是生态环境保护的科普知识；二是环境保护法规方面的常识。

2 生态旅游的理论基础

生态旅游之所以能够在短短十几年间在全球迅速发展，是因为有正确理论的指导。在众多指导生态旅游迅速发展的理论中，可持续发展理论、环境伦理理论、生态系统理论及生态美理论最为重要，可列为生态旅游的四大理论基石。

2.1 可持续发展理论

可持续发展理论是在人类面临生存危机时对未来生存和发展道路的正确选择，是人与自然协调论在人类发展战略中的折射，是指导旅游业包括生态旅游可持续发展的基本理论。

2.1.1 可持续发展的内涵

可持续发展是人类社会新的发展概念、新的发展思想、新的发展战略。它的形成与发展经历了漫长的时间。从字面上看，“可持续发展”包括“可持续”和“发展”两方面。“可持续”的概念源于生态学中林业和渔业的一种可再生资源管理战略，即如何将全部林业或渔业资源中的一部分收获，另一部分留下进一步繁殖生长，使其新增加的部分足以弥补所收获的数量。后来很快被应用于经济、社会等领域，作为社会经济发展的资源和环境，可持续指的是自然资源能够永远为人类所利用，不至于因为当代人的消耗而影响后代人的生产和生活。“发展”则有不同的含义，狭义的发展仅指经济的发展，即产值、利润的增长和物质财富的增加。由于经济增长依赖于社会变革，“发展”的内涵又进一步外延为“发展=经济增长+社会变革”。在这种观点指导下，人类为了追求最大的经济效益，走的是一条以牺牲环境为代价来换取经济发展的道路，导致人类面临生存危机。实际上，人类的发展是受限制的，除了受制于经济和社会，还受制于地球自然环境的承载力。人类的活动只有限制在地球环境和资源允许的范围内才不会对其产生不利影响和破坏，进一步的发展才有基础。这就是可持续发展，即“可持续发展=经济增长+社会变革+自然生态环境保护”。

目前世界比较公认的可持续发展定义是1987年布伦兰特夫人向第42届联合国大会“环境与发展会议”提交的《我们共同的未来》报告中的定义，即可持续发展是指“既满足当代人的需要，又不构成危及后代人满足需求的能力的发展”。它包括了两个重要的概念：“需要”的概念，尤其是世界上贫困人民的基本需要，应将此放在特别优先的地位考虑；“限制”的概念，技术状况和社会组织对环境满足眼前和将来需要的能力施加的限制。分析该定义不难看出定义的核心是发展，但对发展做了一系列的界定。首先，发展是一个综合的概念，不仅包括经济的增长和社会的变化，还包括资源及环境作为发展基础的潜力的维持。其次，发展的目的是满足人的基本需要，由于经济发展的地区差异和人际差异，目前有的人连基本的衣、食、住、行需求都还未能得到满足，故强调“尤其是世界上贫困人民的基本需要”，而不是一些人私欲膨胀的奢侈需要的满足。最后，发展是应受到限制的，发展的限制因素除了经济和社会因素外，更为重要的是发展的资源和环境基础因素，不允许当代一部分人为满足自己的需要利用资源和环境而损害另一部分人的利益，同时也不允许当代人滥用和破坏资源和环境，危及满足后代人基本需求的资源和环境基础。

2.1.2 可持续发展的基本观点和战略

2.1.2.1 可持续发展的基本观点

A 可持续性观点

可持续性观点是指人类发展的横向平衡性和纵向永续性。横向平衡性是指当代人类共同的家园是地球，而地球只有一个，故人类的发展首先寻求的是全球各区域的共同平衡发展；纵向永续性是指人类有着共同的未来和后代，当代人的发展不能危及后代人的发展，即发展的永续性。

在目前的科学技术水平下，人类发展的经济、社会和资源与环境三大要素中，主要限制因素是发展的基础——资源与环境，故人类的经济和社会发展必须维持在资源与环境的承受能力范围内，以保证发展的可持续性。为了达到这一目的，人类必须改变过去把资源和环境视为“无限”的“免费供应”的错误观点，充分认识资源与环境的有限性，约束自己对资源的浪费和对环境的污染行为，对已经污染和破坏的环境要治理和重建，恢复其发展的基础功能。在开发利用自然资源的同时，要补偿从生态系统中索取的东西，使自然生态系统保持稳定性、平衡性。

B 共同性观点

人类生活在同一地球上，地球的完整性和人类的相互依赖性决定了人类有着共同的根本利益。共同性同样体现在横向和纵向两个方面。从横向上看，地球上的人呼吸的是同一大气圈的空气，饮用的是同一水圈的水，吃的是同一生物圈的食物，地球的完整同一性决定了环境污染受害的是所有人，大气圈中空气的流动，会把污染源的污染空气传递到其他区域。横向上的共同性还包括人类作为生物圈的一员，与生物圈有着共同的利益，人类的健康取决于生物圈中大气、海洋、土壤、森林这些生命组成部分的健康。生物圈的破坏，意味着人类生存基础的破坏。从纵向上看，地球上不同代的人生存的基础是共同的资源和环境。而资源和环境的有限性又决定了若我们当代人不珍惜资源，破坏和污染环境，我们的后代将因失去资源和环境而难以生存和发展。

C 公平性观点

公平性观点是指当代和后代人的利益公平，即指代内公平和代际公平。“代内公平”是指在现在同代人具有享受共同资源环境、谋求共同发展的公平权力，基于目前经济发展的地区差异和拥有财富的人际差异，特别要强调不能因满足一部分人的需要而危及另一部分人的基本需要，为一部分人的利益损害另一部分人的利益。由于世界的同一性和资源的有限性，世界上一些国家和地区资源的挥霍浪费必然限制另一些国家和地区公平地享有资源的可能性，特别是发达国家对各种资源的高消费，远远超过了发展中国家的消费水平。同时，一些国家对环境的污染和破坏也常常引起相邻国家和地区的环境质量和人类健康水平的下降。“代际公平”是指当代人与后代人具有同等享受地球上的资源与环境、谋求发展的权利。当代人不能只顾自己的利益，过度地使用和浪费资源，破坏环境，剥夺后人公平地享有资源和环境的权利。

2.1.2.2 可持续发展战略

可持续发展仅靠人们有这一观点还不够，还应该将观点转变为可操作的发展战略。可持续发展战略是一个复合性的概念，包括了生态可持续发展、经济可持续发展和社会可持续发展三者的有机统一。

A 生态可持续发展战略

生态可持续发展战略是指人类为了发展而开发利用资源和环境时，要遵循生态学规律，开发和利用程度限制在自然生态环境承受力范围内，维护生态系统的正常物质循环和能量流动的生态过程。为此，必须重视资源和环境承载力的研究，在此基础上建立科学的环境保护标准，防止环境污染和破坏，并利用新技术来恢复和重建已经被污染和破坏的生态系统。通过保护和重建自然环境，为人类可持续利用自然资源和环境提供基础条件。

B 经济可持续发展战略

经济可持续发展战略是指经济的发展必须建立在生态的可持续发展基础上。横向上看，应在生态环境承载力范围内保持和加快国际经济的发展，由于世界各国的发展紧密依赖于世界市场，如果没有一个持续的国际经济的普遍增长，就不可能解决贫困和资源短缺的问题，难以有效地保护生态环境。纵向上看，当代人经济发展若不限制在资源与环境的承载力范围内，后代人用什么资源与环境来作为发展的基础？同时经济的可持续发展又为生态可持续发展提供条件，在过去经济发展中牺牲的环境，还需经济来赔偿；在环境重建方面，同样需要经济作为支撑，一些发达国家所走的“先污染后治理”是不得已的一种发展战略，但为了进一步的发展，当今的“后治理”实属必需，若没有后治理，任其恶化，还会导致可利用资源与环境量的减少，可持续性经济发展将失去发展的基础。

C 社会可持续发展战略

社会可持续发展战略是指国内和国际的社会稳定发展。为此，在一个国家，要保证让公民长期有效地参与到发展决策的政治体系和社会管理体系中，保证国家的稳定和发展。在国际上，也应该让各国人民参与建立长期的和平安全的社会环境，谋求全人类的共同发展。只有在国内和国际可持续性社会发展的条件下才能保证每一个国家的安全和发展，才能“保证东西方国家之间通过和平的方式解决武装冲突，南北方国家之间通过协商解决债务和环境关系的问题”。

生态可持续发展为经济可持续发展提供基础，生态和经济的可持续发展为社会的可持续发展提供基础。反过来，社会的可持续发展又为经济的可持续发展提供条件，经济的可持续发展为生态可持续发展提供条件，而生态、经济和社会可持续发展的协调统一才是人类可持续发展的根本保证。

2.1.3 可持续旅游

2.1.3.1 可持续旅游的概念

可持续旅游概念是随着可持续发展这一新概念的出现而出现的，是可持续思想在旅游这一特定经济和文化领域的延伸。从可持续发展思想产生起，旅游的可持续发展就成为可持续发展的重要议题之一。1990 年在加拿大召开的 Globe 90 国际大会上，对可持续旅游的目标做了一些表述，这标志着可持续发展思想开始向旅游业中正式渗透。

世界旅游组织（WTO）于 1993 年出版的《旅游与环境丛书》中对可持续旅游发展做出了界定：可持续旅游发展指在维护文化完整、保持生态环境的同时，满足人们对经济、社会和审美的要求。它能为今天的主人和客人们提供生计，又可保护和增进后代人的利益，并为其提供同样的机会。

1995 年 4 月可持续旅游发展会议在西班牙召开，会议通过了著名的《可持续旅游发展宪章》和《可持续旅游发展行动计划》，对可持续旅游的发展起了积极的推动作用。《可持续旅游发展宪章》指出，可持续旅游发展的实质，就是要求旅游与自然、文化和人类生存环境成为一个整体，即旅游、资源、人类生存环境三者统一，以形成一种旅游业与社会经济、资源、环境良性协调的发展模式。因此，对资源和环境的保护成为旅游业可持续发展的基本出发点。

2.1.3.2 可持续旅游的思想体系

可持续旅游包括三个方面的含义：(1) 在为旅游者提供高质量的旅游环境的同时，改善当地居民生活水平；(2) 在发展过程中维持旅游供给地区生态环境的协调性、文化的完整性和旅游业经济目标的可获得性；(3) 保持和增强环境、社会和经济未来的发展机会。

2.1.3.3 可持续旅游目标

可持续旅游发展目标包括三个方面。

(1) 经济目标。增加就业，扩大产品市场；增加经济收入，改善地方基础设施条件，改善地区的生活质量。

(2) 社会目标。保护地方文化遗产，增强当地人的文化自豪感，为不同地区和不同文化的人们提供理解和交流机会，向旅游者提供高质量的旅游产品。

(3) 环境目标。改进土地利用方式，从消耗性利用转为建设性利用；改善生态环境，加强公众的环境和文化意识，促进环境和文化的保护；保护未来旅游产品开发赖以生存的生态和文化环境质量。

2.1.4 可持续发展理论的生态旅游价值

在可持续发展理论的指导下，旅游业努力寻求旅游可持续发展，发展之道在何方，如何操作？我们认为生态旅游是实现旅游可持续发展的保证，反过来说，生态旅游的目标是可持续发展，为了实现旅游业的可持续发展，一切受益于生态旅游的人都应持可持续发展观点，以可持续发展作为生态旅游开发管理工作的准则。

2.1.4.1 生态旅游发展的目标是可持续发展

在论及生态旅游与传统大众旅游的差异时，可以从不同侧面列出很多点，其中最为核心的差异首推发展战略。传统大众旅游没有可持续发展理论的指导，虽然也讲经济、社会、环境三大效益的协调发展，但其只注意了几大效益间的横向关系，在近期和远期效益间的纵向关系上谈的较少，即使谈了，也缺乏落到实处的通道。生态旅游在可持续发展理论的指导下，对三大效益的横向和纵向的关系都十分重视，且把长远的可持续旅游发展作为自己的发展目标，通过操作性强的生态旅游，保证旅游可持续发展能够落到实处。

2.1.4.2 生态旅游者应持可持续发展观点

生态旅游是一种满足人类身体和精神需求的活动，生态旅游者在其利用的资源有限性的基础上，应持可持续发展的观点，即利用应限制在资源环境的承受能力范围内，以保证不同地区的人和不同辈的人能够享受到共同的资源，摒弃那种只顾自己的自私行为，不能因为满足自己的旅游需求而影响或危及别人的旅游需求。这就需要生态旅游者在可持续观点的指导下，增强保护意识，自觉主动地保护旅游对象，在旅游活动中，尽一切可能将生态旅游对环境的不利影响降至最低。

2.1.4.3 生态旅游从业人员应以可持续性发展作为工作准则

为了保证生态旅游的可持续发展，从业于生态旅游的一切人员在工作中均应以旅游可持续发展作为准则。生态旅游开发者在开发生态旅游目的地时，在挖掘当地旅游特色时还应特别注意特色的保护和环境的保护，杜绝开发性破坏，保护生态旅游可持续发展的物质基础。开发决策者应该有一个长远发展的态度，不仅要重视当前的效益，更应把长远的可持续发展放在首位。开发投资者要清楚地认识到，生态旅游的投资不仅仅是经济上的投资，亿万年形成的旅游资源是有“价”的，这有价的旅游资源的拥有者是国家或当地社区，开发规划的知识投入也是有价的，即生态旅游的投资包括了资源投资、知识投资和经济投资，相应的利益也应该是三者共同享有。旅游管理者和服务者应采用节约型和保护型管理模式，以保护旅游发展的后劲。

2.2 环境伦理学

环境伦理学是在人类生存发展活动和生存环境系统发生尖锐对立后，为满足协调人和生存环境系统的关系，求得人类和生存环境系统共同持续发展的社会需要的产物。人与自然关系的话题并不新鲜，自人类出现以来就一直萦绕人类心中。在人类面临全球环境问题，进而引出生存危机的今天，这一古老话题又被提到了重要的位置，人类需要重新认识自然的价值，树立正确的人地观，促进生态旅游的发展。

2.2.1 生态环境伦理的概念

通常所谓的伦理是指人与人之间的道德关系，而环境伦理是人类与自然环境间的道德关系，也可以说是人类对自然环境的伦理责任。伦理的内涵包括信念、态度和价值观，因此环境伦理即包含了人类对环境的信念、态度和价值观。

20 世纪的科学技术把人类的文明提升到空前的高度，也使人类征服和改造自然的能力大大增强。然而，如果没有道德力量的约束，现代技术运用的任何一种力量都可能显现出其破坏性特征，最终必定会造成难以挽回的毁灭性后果。20 世纪以来一直困扰着人类的生态环境危机便是这种毁灭性后果的表现。尽管人们采用各种方法试图缓解和消除生态危机，但危机并没有缓解反而加剧。究其原因，不在于我们缺乏必要的技术能力，而在于缺乏必要的伦理意识。在对生态危机根源的反思基础上，诞生了一门新兴学科：生态环境伦理学。

传统的伦理学虽然已有数千年历史，但基本上属于人际伦理学的范畴，所涉及的研究对象基本上是人际道德。环境伦理学是一种主张把道德关怀扩展到各种非人类存在的物身上去的伦理学说。严格地说，它不是伦理学的一个分支或应用伦理学，而是一种全新的伦理思潮或价值观，表面看只是伦理的边界扩大，但实质上蕴含着一场观念上的革命。

因此，生态环境伦理的概念可归纳为：体现于人类的生产和生活活动过程中的一系列保护生态环境和资源的理性思维与道德规范。它是研究与生态环境保护相关的道德问题的理论，其目的是为保护生态环境提供一个恰当的道德根据和规范。

2.2.2 生态环境伦理的基本内容

2.2.2.1 强调大自然的整体和谐性

整体性是指人类生存的大地，包括各种生物系统和生物栖息所依赖的自然环境系统，是一个统一的、完整的有机体，每个系统的组成要素之间都是相互联系和相互制约的。正如美国生态环境伦理专家莱昂波尔德在“大地伦理”中所说的那样，一座山没有思维器官，似乎无法进行思考，但是山的存在所体现的却是动物、植物、微生物、岩石、土地间的整体性和相关性。这就是说，大自然是一个相互关联的和谐的整体，人类只有把自己的行为约束在有利于保护生态系统的和谐稳定、保护生物存在的多样性、保护土地利用的完整无损时，才可以说是符合生态环境伦理规范的要求的。

2.2.2.2 要求人与自然的关系是非常和谐的关系

人类从属于大地，依赖于大地；人不应该充当大地的中心和主宰，而应当作自然的看护者；人类要改变自己的主体地位，走出“人类中心主义”的误区。那些把自己的尺度和标准强加给自然，使自然按照人的意志发生变化的做法必然会扩大人的征服欲和权力欲，加速人类改造和征服自然的过程和力度，结果造成自然界有机构成的解体，从而使人类与自然之间更加分离、对立，形成主体与客体严重分裂的二元化空间分布模式。

2.2.2.3 强调维护生物多样性和生态环境多样性

生物作为一种物种存在，有资格、有权利得到人类的尊重，即人类有责任、有义务保护生物的多样性，保护生物为了维护自身的存在必须拥有的特定的生态环境，如阳光、空气、水源、地域等。生物赖以生存的条件（如生态过程与生命支持系统）一旦受到污染和破坏，生物的种群和群落便无法存在，生物的多样性也就不可能得以维护。

自然是可供人类享用的，但是自然的可享用性是有条件的，它是以自然中生物的多样性为具体内容和保证的。人类的享乐和发展与保护生物多样性是互为条件的，人类为了享用自然，就应以高度的责任感保护生物的多样性，生物多样性一旦受到破坏，就会危及人类的生存。这种辩证关系启示人们，在危及生物多样性时，应以最高的道德要求节制和约束自己的行为，并应改变那种不尊重生物权利的生产方式和生活方式。

2.2.2.4 要求人类必须承认自然的权利

权利在今日是指人们享有一定利益或待遇的资格。生态环境伦理思想认为，自然权利就是自然生物的权利或生物的自然权利。其概念可定义为生物固有的、按生态学规律存在并受人类尊重的资格。人类必须承认自然的权利是基于以下原因。

A 尊重生物的种族特征

每一种生物都有适应环境的特殊方式，这种特殊方式实质上就是生物的种族特征。

生物在自然竞争和自然选择的过程中，逐步使其种族在自然中占据了属于它们自己的位置，即“生态位”。生态位是指生物在自然界中存在的资格，这种生存资格或权利，只能以生物的种族特征为尺度去加以肯定，而不能以人类的种族特征作为尺度去任意否定。如骆驼的驼峰、长颈鹿的脖子等生物特征，若与人类所具备的一切特征相比，则无所谓谁的更好、谁的更坏。人类的种族特征表达的仅仅是人类与其他生物的差别，这并不表明人类比其他生物优越、高贵。一切生物作为一种物种存在（不是说某个生物个体的存在），有权利、有资格受到人类的尊重和保护；反过来说，人类不仅有责任、有义务尊重各个物种存在的资格和权利，而且有责任、有义务保护一切生物物种的延续与发展。人类的行为不应当造成生物物种的消失，哪怕这些生物物种对人类无益甚至有害，如蝗虫、鼠类等动物。尽管它们对人类有所危害，但从宏观上看，这些动物对于地球生态系统的动态平衡与稳定，也可能有其内在的价值。

总之，生物的存在权利是由自然赋予的，它们在竞争中能否保存其种族，完全由它们的生灭运动规律所决定。凡是符合生态学规律的便生存，不符合的则灭绝（也就是说，其自然权利被自然收回了）。但是，除生态学规律外，人类无权消灭生物物种，否则就是对生物自然权利的侵犯。对自然权利的侵犯，在环境伦理学上就被视为恶，会遭到道德的谴责。

B 尊重生物权利的本质特征——自然性

自然性主要有两个含义：一是生物权利是自然意志、自然法则、自然力量的体现，它源于自然运行的法则，依赖于自然力量的支撑，任何违背自然意志和自然法则的行为都是对生物权利的侵犯，最终必将遭到自然的惩罚；二是生物的存在都是权利与义务的统一，任何一种生物既具有生态学规律决定的权利，又具有生态学规律决定的义务，二者之间的生态关系就是权利和义务相统一的关系。如植物输出氧气，吸纳二氧化碳，动物吸入氧气，呼出二氧化碳，这是一种生物之间的互利共生，可以把这样的关系看成是由生态规律所规定的权利与义务关系。任何生物都没有超越生态学规律的特权，包括人类在内，任何生物不因其数量多少、力量强弱、出现时间先后、进化程度高低而不同。

2.2.2.5 要求人类必须承认自然的价值

自然或生物的价值是多方面的，其主要价值表现在两个主题内容上：一是被人们视为对其有用的自然的使用价值，如自然界对人类提供的具有科学研究功能的价值；自然界对人类提供的具有陶冶情操作用的价值；自然界给人类提供的有益于身心健康的环境的价值等。二是除了使用价值以外的自然界固有的价值或内在价值，如生物物种的存在对生态平衡的作用，动物的存在对保持食物链的连续性与完整性的作用等。这类价值并不是直接对人有用的，但是对于人类的存在却比上述自然使用价值的意义更深刻和更重要。每一种生物都对生态系统的平衡和稳定，对生态系统的物质循环、能量流动和信息交换，发挥着自己的特殊功能。

2.2.3 生态环境伦理在生态旅游中的作用

从上述生态环境伦理的基本内容中，人们不难看出这种自然伦理思想对生态旅游的指导作用。

（1）生态环境伦理所包含的内容和观点，都是开展生态旅游活动必须遵循的基本原则。因为生态旅游的最本质属性是保护生态环境，维护物种稳定和平衡。作为一个生态旅游参与者，若不懂得人类居住的家园（包括各种生物系统和生物栖息所依赖的自然环境系统）是一个统一的、完整的有机体，不懂得每个系统的组成要素之间都是相互联系、相互制约的，不懂得人在自然之中既从属于大地又依赖于大地，人类不应充当自然界的主宰和中心，不懂得生物多样性和生态环境的多样性是人类对自然可享用性的基础和保障等理论；就会在自然或生态旅游中对自然产生不负责任的征服欲和权力欲，而由此产生的对生态环境的破坏的后果就会不堪设想。因此，生态环境伦理思想是所有参与生态旅游事业的人必须具备的意识和伦理素质。

（2）生态环境伦理所强调的生物权利和生物价值的观点，从实践上给生态旅游者指出了一种可操作的方法。这种方法主要体现在人们在从事生态旅游时必须以实际行动维护生物在自然界中存在的资格和权利，把生态旅游地看作是人与生物的“利益共同体”。生态旅游者不仅不能侵犯自然、破坏生物的多样性，而且要制定出约束自我行为、尊重自然权利、履行保护生态环境义务的办法。

（3）生态环境伦理是指导生态旅游活动贯彻可持续发展方针，为子孙后代留下旅游产业，并满足其享用自然资源权利的重要思想武器。

生态环境伦理是用来协调人与自然关系的，它从维护自然环境、保护生态平衡的目的出发，对人们的行为提出了规范要求。这种规范要求所遵循的基本原则就是要在对自然采取的行为的价值指向上实现“利益公正”的目的。人类要实现“利益公正”，最重要的是要实现人类代际间的利益公正。具体讲，就是要求当代人在满足自己的利益需要时，不能剥夺后代人满足他们利益需求的权利，即当代人应谋求可持续发展。

2.3　生态系统理论

系统是被当今社会广泛应用的一个概念，系统是普遍存在的，无论是自然界还是人类社会各个领域都广泛存在着各种类型、不同层次的系统。现代的技术和社会已变得十分复杂，以致传统的方法和手段不能满足需要，我们在一切知识领域中运用“整体”或“系统”思想来处理复杂问题。

2.3.1　系统

系统论是研究一般系统的模式、原则和规律，并对其功能进行数学描述的一门科学。美籍奥地利生物学家贝塔朗菲于1947年发表的《一般系统论》，标志着其作为独立学科的建立。

根据系统论的基本思想，系统是物质存在的方式。系统是由若干相互联系、相互作用的组成部分结合而成的，具有特定目的或特定功能的有机整体。系统通过与外部环境物质、能量的交换，处于一种稳定有序的状态。可按性质分为自然系统、社会系统、人工系统（为达到人类健康为目标建立起来的卫生系统）和复合系统等。系统具有以下要点和基本特征。

2.3.1.1　系统的要点

系统的概念可以从以下要点去理解。

（1）系统是由若干要素（部分）组成的。这些要素可能是一些个体、零件，也可能其本身就是一个系统（或称之为子系统）。

（2）系统内部与外部有一定的秩序。即它的各要素之间、要素与整体之间及整体与环境之间都存在着一定的有机联系。

（3）系统有一定的结构。一个系统是其构成要素的集合，这些要素相互联系、相互制约。系统内部各要素之间相对稳定的联系方式、组织秩序等的内在表现形式，就是系统的结构。

（4）系统是动态的。一切事物本身都处于积极、不断运动的状态，要把系统作为一种不断运动、发展变化的客观实体去研究。

2.3.1.2 系统的基本特征

系统具有以下基本特征：

（1）多元性。即系统必须包含两个或两个以上的元素。系统是多样性的统一、差异性的统一。最简单的是二元素系统，一般为多元素系统，原则上存在无穷多元素的系统。

（2）相关性。系统中不存在与其他元素无关的孤立元素或组分，所有元素都彼此关联在一起，相互依存、相互作用、相互鼓励、相互补充、相互制约。相关性是系统“生命力”的重要源泉。

（3）整体性。多元性加相关性产生了系统的又一个更重要的特点——整体性。系统是由它的所有组分构成的统一整体，具有整体的形态、整体的结构、整体的特性、整体的行为、整体的功能等。系统是整合起来的多样性，兼具多样性和统一性两个特点。

（4）环境适应性。系统与外界的联系就是环境。系统是处于环境之中，环境则是更高级的系统，在某些情况下它会限制系统能力的发挥。环境变化对系统影响甚大，系统必然要与外部环境产生物质、能量和信息的交换，必须适应外部环境的变化。因此能够经常与外部环境保持最佳适应状态的系统是理想的系统，而不能适应环境变化的系统是没有生命力的。

2.3.2 旅游系统

旅游系统是运用系统论思想来研究旅游问题，旅游系统论的观点就是要求研究者把旅游视为一个相互依赖又相互作用的系统平衡推进、协调发展的综合体，而该综合体又成了对旅游业进行系统论改造的对象，这样旅游系统就自然成了旅游学研究的对象。国内外不同学科背景的研究者出于不同的研究目的，从不同角度提出了各自的旅游系统模型，现就目前比较有代表性的旅游系统学说及旅游系统模型进行介绍。

2.3.2.1 旅游系统学说

A 六要素说

旅游系统的六要素说是旅游学科中较为传统的学说，它是以旅游者为中心，将旅游者在旅游活动中的旅游行为归纳为“食、住、行、游、购、娱”六大要素。以满足旅游者旅游行为要求为指南的旅游业，往往以这六大要素来规划和发展旅游业。满足旅游者从常住地到旅游目的地及目的地内的空间位移的“行”的需求，是规划发展旅游交通的依据；满足旅游者基本生活需求的“住”和“吃”，是规划建设旅游宾馆等食宿条件的依据；满足旅游者在旅游目的地观光、游览及度假等“游”的需求，是规划发展旅游景点景区及旅行社的依据；满足旅游者从旅游地带回有纪念意义的物品的“购”的需求，是旅游目的地发掘、设计、生产旅游商品的依据。正因为这一学说对旅游业发展具有指导性和可操作性，在各国无论是政府文件，还是研究报告及教科书中均能找到这一学说的存在。但这一学说也存在明显不足，即“六要素”并不能将旅游者在旅游活动中的全部因素归纳概括进去，如旅游者在旅游活动中接触到的自然、社会环境就没有在六要素中得以反映，而这些环境条件对旅游活动的产生及影响是不可忽视的。

B 三体说

旅游系统的“三体说”也是一种较为传统的学说，在旅游学的教科书中反映最为明显，不少《旅游学概论》均是以此作为全书的理论构架。该学说以旅游活动为中心，将旅游活动得以实现必不可少的因素概括为主体、客体和媒体三大方面。主体即旅游者，指离开自己常住地到旅游目的地旅游的人，是旅游活动中的主要因素、旅游活动得以实现的主体因素；客体指吸引旅游者进行旅游活动的客观存在物，即旅游资源或旅游吸引物等；媒体是指联系旅游主体和旅游客体之间的媒介物，即旅游业，包括旅游交通线路、宾馆等各个环节。旅游的三体相互依存，互为制约，三者缺一不可，缺了就难以完成旅游活动。该学说对旅游学形成体系具有重要的意义，形成了系统二级分支学科，如专门研究旅游主体（旅游者）而形成“旅游心理学”，专门研究旅游客体（旅游资源）而形成“旅游资源学”等，专门研究旅游媒体（旅游业）而形成“旅游经济学”等。但这一学说也存在一个明显的不足，即对旅游活动得以实现的自然、社会、经济、环境因素也同样未能概括进去。

2.3.2.2 旅游系统模型

A 旅游地理系统模型

澳大利亚学者 Leiper 在 1979 年提出，并于 1990 年重建了旅游地理系统模型，如图 2-1 所示。在对旅游进行定义时，Leiper 抓住了旅游者空间移动这一显著特征，将旅游视为客源地与目的地及旅游通道相连的空间系统，找到了旅游行业和旅游部门的定位，并提出了所有旅行活动本身都会涉及的地理因素。在模型中，重点突出了客源地、目的地和旅游通道三个空间要素。它把旅游系统描述为旅游通道连接的客源地和目的地的组合。同时，在该模型中既可看到供给与需求的相互关系，又可看到客源地和目的地的空间关系。因此，该模型对旅游系统的分析是从旅游空间结构和旅游供求两个层面着手的。

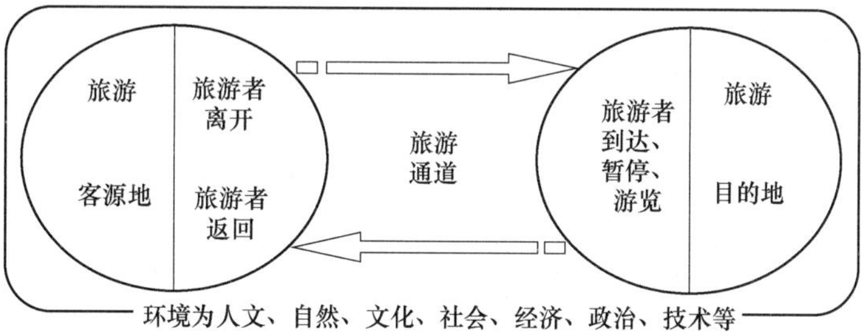

图 2-1 旅游地理系统模型

资料来源：陈玲玲，等．生态旅游——理论与实践［M］．上海：复旦大学出版社，2012.

B 游憩系统模型

我国学者吴必虎在国外模型的基础上，于 1998 年提出了一个新的旅游系统概念模型。他把旅游系统分为客源市场系统、目的地系统、出行系统和支持系统四个部分。1999 年，王家骏也提出了旅游系统模型，把旅游系统与外部环境相结合，增加了输入和输出两项内容，如图 2-2 所示。这种将系统与环境联系起来的做法，不仅对旅游系统的结构描述更加完整和全面，而且在思考问题的角度和方法方面也是一种提高和进步。

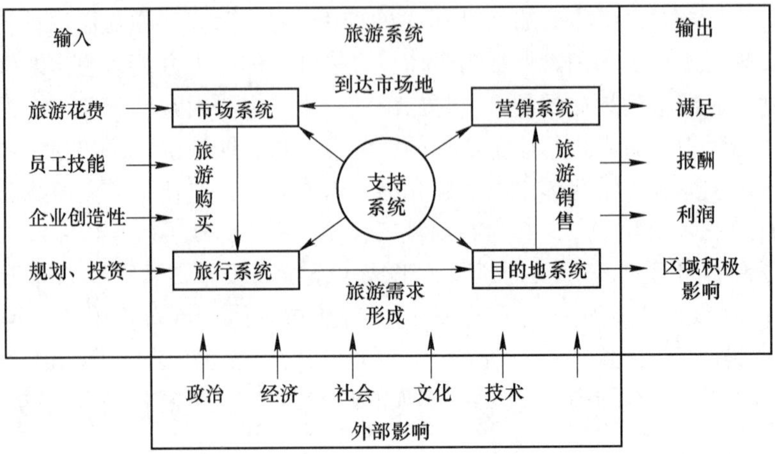

图 2-2 游憩系统（旅游系统）模型

资料来源：陈玲玲，等．生态旅游——理论与实践［M］．上海：复旦大学出版社，2012.

2.3.3 “四体”生态旅游系统

“旅游系统”是旅游学的研究对象，“生态旅游系统”则是生态旅游的研究对象。根据系统论的观点，生态旅游系统是指生态旅游要素按一定的旅游规律组合而成的有机整体，也就是在满足生态旅游基本要求的地域内，由与生态旅游密切关联的各要素按一定的旅游市场运行机制构成的动态有机整体。目前我国最具代表性的生态旅游系统理论模型是杨桂华等人在 2000 年提出的“四体”生态旅游系统模式，如图 2-3 所示即生态旅游系统由主体（生态旅游者）、客体（生态旅游资源）、媒体（生态旅游业）和载体（生态旅游环境）四要素构成。“四体”生态旅游系统与传统的旅游系统相比存在着质的差别，这种“质”就是保护，保护的对象是生态旅游资源、生态旅游环境和旅游目的地当地社区的利益。

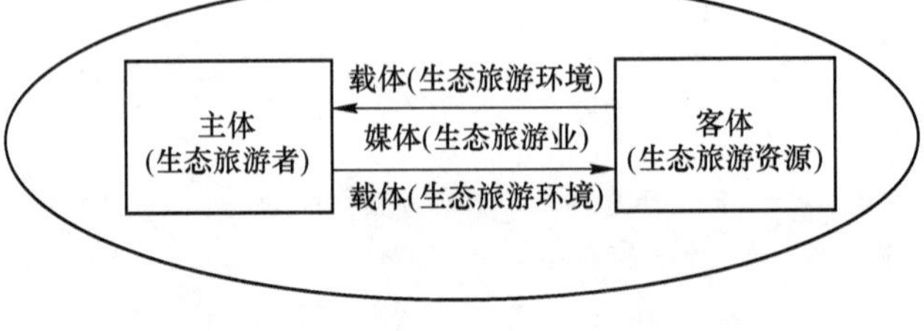

图 2-3 生态旅游系统的“四体”模式

资料来源：杨桂华，等．生态旅游［M］．3 版．北京：高等教育出版社，2017.

2.4 生态美理论

生态美是建立在生态人文观基础上的一种崭新的具生态哲学意义的美学概念，是生态文明社会中人类的一种共同美学追求，具有与自然美本质上差异的美学特征。在生态旅游活动中，无论旅游者、旅游开发者还是旅游管理者均与生态美息息相关。

2.4.1 生态美概念

2.4.1.1 自然美到生态美的过渡

生态美是在自然美的基础上，在人类对自然价值重新认识的基础上产生的美学观点。自然界的蓝天白云、红花绿叶、江河海湖、飞禽走兽无一不充满着美，对自然价值认识不同则产生不同的美学观点，有着不同的美学感受。人类中心论者认为人类是自然的主人，自然的一切包括美都是为了人类，如果没有人，自然的一切美将失去意义，失去价值，这便是工业文明时代大众所持的美学观，称为自然美。而生态人文论则认为人与自然是平等的，自然并非只为人而美，自然有自身的美学价值，而且它的美往往与生存紧密联系，花大色艳是为植物虫媒的繁殖目的，雄孔雀开屏的美是为吸引雌孔雀的物种繁殖需要，有蓝天才有足够的阳光供植物光合作用，可以说，人类对自然的自身美学价值还知之甚少。在人类欣赏自己建筑物的美时，人类怎么知蜂房、蚁穴、鸟巢、野兽的兽穴对于它的建筑者来说不美呢？当人类陶醉在人类为了共同的崇高目标，齐心协力，不惜牺牲宝贵生命的精神美中，人类是否能感受到动物之间，通过自己的信息交流，进行着有条不紊、齐心协力地抵抗外敌的美呢？当人类沉浸在自己创造的音乐美时，人类是否认识到鸟鸣、蛙叫，甚至狼嗥于动物本身是一种美呢？人类不但没有权力否定自然的自身美价值，而且还可以从中得到新的美学感受，这就是生态美的认识出发点。

2.4.1.2 生态美及其分类

生态美包括两大类：一类是自然生态美；另一类是人文生态美。自然美中众多的生命与其环境所表现出来的协同关系与和谐形式称为自然生态美（佘正英，1996）。自然生态美是自然界长期演化创造的美，是大自然的产物。人类遵循自然规律和美的创造原则，与自然共同创造的人与自然和谐协调之美称为人文生态美。例如，人类借助生物学的繁殖技术，将全球具有观赏价值的花卉植物集于一园；人类能够修建人与自然和睦相处的生态园林、生态城市，使自然生态美在人的创造后更加完善。总的说来，生态美是充沛的生命与其生存环境和谐所展现出来的美的形式。

2.4.1.3 自然美与生态美的区别

自然美与生态美在审美基础和美的形成上均存在差异。从审美基础上看，自然美是基于对自然外部形态、色彩、声音等感官基础上的心灵愉悦，而生态美是基于对生命价值、自然价值的认识基础上的感官和心灵上的愉悦。从美的形成上看，自然美是由自然创造的，而生态美除了自然创造外，还包括人与自然共同创造的人文生态美。

2.4.2 生态美的特点

2.4.2.1 活力美

活力指的是生命蓬勃旺盛、永恒不息的生命力。生命力的光辉和韵律充满美学特征，植物的生态美体现在永不衰竭地利用太阳能、转化太阳能维持自己的生命，养育所有的动物，维持生态系统的运转，使整个大自然充满生机，显示出生命的活力之美；动物的生态美体现在各自永不停息的生命承续和运动，如新生命的诞生，骏马奔腾、鱼游水中，无一不充满活力之美；微生物似乎一点儿不美，但从它将动植物碎屑和残体分解为元素和简单分子归还自然，再从自然中诞生新的生命来看，微生物将死亡变成生命这一转换过程，也充满着新陈代谢的承续之美。试想若地球上没有微生物，地球表面将是遍地尸骨，不堪入目的境地，美又从何谈起。整个自然生态系统遵循着物质循环、能量流动的规律，使地球永葆生命之树常青，洋溢着盎然生机。而在现在的超大工业区、特大城市中，这种生态美日益减少，满目所见的是由钢铁和水泥筑建而成的人工荒漠，人为隔离大自然的物质循环和能量流动途径，使生活在城市的人从内心深处有一种疏远自然的痛苦，回归大自然的愿望油然而生。只有到了大自然，人们才真正感受到人的身心与自然融为一体的令人振奋的生命活力。

2.4.2.2　和谐美

生态美的和谐指的是生命与生命之间、生命与环境之间相互支持，互惠共生所展现出来的美学特征。在森林系统中，乔木为下层的灌木和草本提供阴生所需要的散射光条件，灌木和草本为乔木提供涵养水土的条件，这种系统内各组分的和谐共处，充分利用环境提供的生存条件，维持整个系统的协调发展充满着和谐之美。动物界也存在诸如犀牛与犀牛鸟和谐共生的和谐美。表面上看，动物的竞争和捕食看似血腥恐怖，但从进化的观点来看，竞争和捕食有利于进化，创造着更加完善的生命和优美的环境。我们不得不承认，弱肉强食同样充满着生命和谐之美。在人类社会中，人类效法自然，与自然共同创造的名山中的寺庙、江河边的栈道、城市中的古典园林，同样充满着人作为一种生命与自然协调的和谐之美。

2.4.2.3　创造性

生态美是在生命与环境的共同进化中创造出来的。自然生态美是动植物和微生物与环境共同进化中创造出来的，它的出现早于人工生态美。在地球形成初期，地球上没有生命，也就不存在生命的活力美和生命之间、生命与环境之间的和谐美，生命的出现，给地球带来生机，生命的演化使生命本身和环境得以繁荣和完善，美也得以丰富。人文生态美是人与自然共同创造的。人类具有创造力，当人的创造力违背生态规律，这种创造力就变成了破坏力，农业革命时期的水土流失，工业革命时期的环境污染就是创造力变成破坏力的结果。当人类的创造力遵循生态规律、人类的创造力与自然的创造力形成合力时，就能创造出优于自然生态美的人文生态美。面对现在地球的环境创伤，人类应积极寻求人类与自然的创造合力，恢复、重建和繁荣地球的生态美。

2.4.2.4　参与性

从审美体验上，生态美与艺术美存在显著的差异，艺术美使审美者与审美对象保持一定距离，而生态美是审美者融入审美对象中，即生态美具有参与性特征。当人们欣赏热带森林时，人本身就是热带森林系统的一部分，热带森林除了给人带来众多生物组成的繁荣外貌的美学享受，也给人带来呼吸必不可少的氧气，同时热带森林所呈现的生物与生物之间、生物与环境之间密不可分的相互依存的和谐之美，使人在感悟自然中得到心灵上的美学享受。

2.4.3 生态美理论的生态旅游价值

珍视生命、珍视自然的生态美学观点可以说是生态旅游的灵魂，生态旅游者追求的、生态旅游开发者所努力营造的、生态旅游管理者极力维护的都是相同的，即生态美。

2.4.3.1 生态旅游者追求生态美

生态旅游者与传统大众旅游者的旅游追求不同，传统大众旅游者要么追求自然美，赞美大自然的鬼斧神工；要么追求人文美，赞美人类巨大的创造力。而生态旅游者将自然美与人文美融为一体，追求生态美，赞美生命及人类的创造力，赞美生命与环境、人与自然的和谐美。

人类面临三大关系需要处理：一是人与自然的关系；二是人与人的关系；三是人自身的内心世界的平衡关系。在道德规范中，很注重人与人之间的关系，追求真、善、美。当人类面临因不善待自然而形成的生存危机时，将社会关系中的追求移置到人与自然的关系中时，发现人与自然关系层次的真、善、美同样是值得追求的高尚情操，而且具有更深层次的含义。这里的“真”表现为自然生态规律的真理性；“善”表现为人类正确的自然观，善待自然；“美”表现为人与其他生物物种及自然环境的和谐共生。生态旅游者追求人与自然关系上的真、善、美的崇高美德体现在旅游活动中，从自然生态规律展现出的大自然的奥秘和人与自然和谐美中净化心灵，丰满精神品格，确立健康的生存价值观。这些人不会随意杀生、扔垃圾，而会努力保护自然的生态美，将自己享受的生态美景观留给旁人，留给后人，使人与人关系上的真、善、美的崇高追求得以升华。

2.4.3.2 生态旅游开发者努力寻找和营造生态美

传统大众旅游开发者往往在旅游景区修建大量自己认为美的人工建筑，这种强加于自然的做法常常破坏自然的和谐美，这种败笔在我国早期的旅游开发中随处可见。如北京大观园，大观园的原型是在江南一带的亚热带地区，非要在温带的北京仿建大观园，大观园中的潇湘馆是离不开竹子的，结果，亚热带的竹子到温带的北京很难茂盛，失去了潇湘馆原有的气氛和特色，极不协调。生态旅游开发者努力寻找自然生态美，在对其不加干预、保持原型的同时，遵循自然生态规律和生态美原则，效法自然，发挥人对自然的参赞化育的作用，将自然创造力与人的创造力形成合力，共同创造出人文生态美，使自然生态美得到修正和补充。生态旅游开发者绝不会把城市的高楼大厦引入森林，破坏自然的宁静，把国外的异质景观引入到中国的自然保护区，形成天外来客的不和谐景观，而是力图营造既保持当地原始的自然生态美又与当地传统文化融为一体的人工生态美的旅游产品，只有这种最“原始”、最“土”的旅游产品才有最突出的地方特色，也才具有持续利用的价值。

2.4.3.3 生态旅游管理者努力保护生态美

传统大众旅游之所以不能持续发展，就是因为旅游管理中不注意保护，使吸引旅游者的旅游资源特色受损伤甚至丧失，从而导致吸引力降低或消失。西双版纳是举世闻名的旅游景区，它以独特的“绿色”吸引旅游者，是中国乃至世界范围内的一大旅游热点地区。但近几年过度的旅游开发和旅游保护管理的疏忽，以及其他产业布局的不合理，使其绿色的特色正在丧失，旅游业开始走下坡路。生态旅游管理者要注重旅游业的可持续发展，也要注重旅游短期的经济效益，更要重视其长期的可持续发展，而可持续发展的基础就是保护生态旅游对象，保护生态旅游对象中吸引旅游者的生态美。为此，生态旅游管理者应重视生态环境承载力，把旅游者人数控制在承载范围内。同时生态旅游管理者还特别重视培养旅游者的环境意识，加强旅游垃圾的防治管理，重视培养生态旅游导游，这一切都是为了保护生态美，最终实现生态旅游的可持续发展。

3 生态旅游者

旅游者是旅游活动的主体，是旅游业赖以生存和发展的重要因素。生态旅游作为一项与可持续发展战略密切相关的旅游形式，其活动的主体——生态旅游者更是至关重要的，应具备一定的素质，才能实现生态旅游活动，因此，生态旅游者可以说是生态旅游业的核心。

3.1 生态旅游者概述

3.1.1 生态旅游者的概念

生态旅游者是一个非常重要的基础性概念，它是生态旅游者特征、形成条件及行为规律等相关研究的前提。

3.1.1.1 旅游者的界定

旅游者（tourist）意为出于一种好奇心，为了得到愉快而进行旅行的人。但是在统计旅游者的人数时，出现了一个难题：哪些人算旅游者，哪些人又不算旅游者？这也导致人们从不同的学科角度，为了适应各自的工作或研究目的纷纷提出自己对于旅游者定义的观点与表述，多年来，旅游者的定义可谓众说纷纭。

1963 年在罗马举行的联合国旅游和旅行会议提出了“观光者”的定义：到一个非自己定居的国家观光，目的不是挣钱，这样的人就是观光者。而观光者又可细分为“旅游者”和“短途旅游者”两大类。其中旅游者的定义为临时观光者，到一个国家至少停留 24 小时以上，以娱乐、保健、学习、宗教信仰或体育运动等为目的，换言之，为了消磨闲暇时间、经营、参加会议或探亲等。短途旅游者则是到一个国家去逗留少于 24 小时，包括海上航游者。联合国的规定得到了国际上的承认。各国基本采用这一标准来统计外国旅游者或其他观光者数目。

尽管学者们提出了各式各样的旅游者定义和分类，但总的来说，旅游者有以下两个共同特点：一是离开居住地到其他非惯常环境；二是非定居性的和非就业性的，而是消费性的。

3.1.1.2 生态旅游者的界定

由于人类居住环境的恶化和全球性环境问题的出现，加上人类环境意识的觉醒、环境保护运动的发展、传统大众旅游机制的滞后及所面临的挑战等，使人们认识到，生态旅游必然地肩负着保护环境的重任，涉及政府、经营者、旅游者和当地居民等组织与团体的行为。而作为生态旅游活动主体——生态旅游者，自然是建立在“生态旅游”的概念之上，但也具有旅游者的基本要点，同时更重要的是融入了生态旅游的理念。

生态旅游者是旅游者生态意识不断提高的产物。对生态旅游者的定义十分重要，但目前理论界并没有形成统一的说法。从生态旅游的范畴来看，生态旅游者有广义和狭义之分。广义的生态旅游者是指到生态旅游区的所有游客。这类界定具有很好的统计学意义，具有统计上的可操作性，但只是对旅游者行为现象的部分概括，并没有真正体现生态旅游的内涵，而是将生态旅游与自然旅游等同起来，忽视了生态旅游的兴起与发展是人们环境意识增强的结果，不能确保旅游者是否具有生态意识和环保知识，其进入生态景区后的活动是不是生态活动，是否有保护环境的行动。所以，这种定义是有明显缺陷的。狭义的生态旅游者是指到生态旅游区的那些对环境保护和当地社会经济发展负有一定责任的游客。狭义的生态旅游者不便于统计的需要，但反映了生态旅游的真实内涵，同时也涉及生态旅游者的本质特征，把生态旅游者与传统旅游者区别开来，有利于旅游者自觉地要求自己，成为一名真正的生态旅游者。

3.1.1.3 生态旅游者与传统大众旅游者

为了进一步深入理解生态旅游者的内涵，表 3-1 给出了传统大众旅游者与生态旅游者的具体比较。尽管生态旅游者的产生与传统的大众旅游者有密切的联系，但传统大众旅游者主要进行传统的游览观光和度假，生态旅游者则是传统大众旅游者当中不满足于那些受人为影响过多的旅游景观，而把目光投向原始古朴的自然区域、原汁原味的特色文化，从事符合生态旅游原则的旅游活动的那一部分。

表 3-1 传统大众旅游者与生态旅游者的比较

项　目	传统大众旅游者	生态旅游者
旅游目的	对旅游目的地、历史和文化的认识与享用	对旅游目的地、历史和文化的认识与理解
旅游对象	以人工景观为主，如城镇、主题公园、古建筑	自然景观和人与自然相和谐的生态文化景观，如地质地貌、水体、生物、民俗风情
旅游形式	形式较为单一，大多只是观光游玩	以大自然为舞台，形式多样，内容丰富，寓教于乐
旅游参与	被动式，一般不参加旅游环境管理活动	主动式，主体与客体密不可分，自身是整个综合生态系统的一部分，自觉参与有组织的环保活动
旅游体验	传统美学意义上的享受，走马观花，心灵感受往往不深	生态美的体验，积极亲近大自然，接受生态环境保育熏陶，心灵与自然共鸣，人的情感得到升华
自身素质	不做很高的要求就能完成传统的大众旅游活动	具备较高的文化素养，接受过相关知识的教育，对大自然与特色文化充满热爱，有较强的环保意识、认真的体力和情感准备
行为责任	体现旅游消费合法	体现自然与人文关怀

资料来源：杨桂华，等．生态旅游［M］．北京：高等教育出版社，2000.
杨桂华，等．生态旅游［M］．3 版．北京：高等教育出版社，2017.

3.1.2 生态旅游者的特征

生态旅游者除了具有一般旅游者目的地的异地性、经济上的消费性、时间安排上的业余性、地域上的差异性等共同特点外，还具有以下三个显著特点。

3.1.2.1 自然性

生态旅游者的自然性是指其旅游对象和旅游服务的自然性。旅游对象的自然性不但指自然环境形态，还指原汁原味、人与自然和谐的特色文化。生态旅游者对环境污染的认识越来越深刻，同时对过于人工雕琢的旅游感到乏味、单调，他们热衷于接触未受污染的大自然、富有特色的文化，探索大自然的奥秘和生态平衡的道理，领略特色文化的神秘，并由此感受到其中的美学、科学、哲学等文化价值，体验人与自然的和谐，激发对文化生态的热爱。旅游服务的自然性是指生态旅游者在旅游过程中的食、住、行、游、娱、购等环节，对所接受的服务项目要求原汁原味、自然，比如吃、住入乡随俗，行的工具能结合当地特点与环保要求，参与当地社区民族的娱乐活动，购买特色纪念品等。

3.1.2.2 责任性

生态旅游者的责任性是指其旅游活动是具有促进环境保护和社区经济发展责任的活动。广袤的大自然与博大精深的特色文化给生态旅游者提供了宽阔的舞台，他们既在其中进行丰富多彩的生态旅游活动，又在责任感的驱使下，自觉要求自己的行为不对生态环境产生破坏，尊重和维护人与自然和谐的特色文化，并为所在社区经济发展做出应有的贡献。

3.1.2.3 特定性

生态旅游者的特定性指的是对其自身素质要求的特定性。由于生态旅游不仅用来表征旅游的区域和对象是自然物，而且更强调被旅游的区域和对象不受到损害。要达到这个目标，生态旅游者必须具备一定的素质要求，包括身体素质、道德素质、环保知识及文化修养等各个方面，如理解大自然生态平衡的原理，懂得民俗风情的文化内涵，知道自己的行为是否符合环境保护的规范等。

3.1.3 生态旅游者的权益与责任

生态旅游者在生态旅游活动中，应明确其享有的权益与负有的责任，由于他们的权益和责任充分体现了生态旅游的特点要求，应该对其给予足够重视。

3.1.3.1 生态旅游者的权益

生态旅游者的权益是指生态旅游者在购买了生态旅游产品和接受旅游服务时享有的基本权益。生态旅游者在旅游市场购买到的是生态旅游产品和服务，包括生态旅游者从离开常住地开始，到生态旅游结束归来的全过程中接受或感受到的事物、事件和服务的总和。特别强调生态旅游者的自身利益应当受到保护。事实上，生态旅游者的权益也是传统大众旅游者在旅游过程中应当享有的权益，其权益都应受到相应的法律保护。生态旅游者的基本权益有以下三个方面。

A 自由选择，知悉真实信息的权益

官方旅游组织与生态旅游企业应该为生态旅游者提供客观、准确和完整的旅游信息以及自然地域状况和环境保护教育的相关信息资料。生态旅游者在购买生态旅游产品时，有自主比较、鉴别和挑选的权益，有虚假宣传和强制交易行为的旅游经营者要承担相应责任。

B 人身、财产安全受保护的权益

人身权和财产权是人的基本权益，生态旅游经营者的活动不能侵犯生态旅游者的这些基本权益，所提供的生态旅游产品也必须符合人身、财产安全的要求。

C 获得与价值相符的商品与服务的权益

生态旅游者对购买的商品和服务要求有质量保障，同时要求价格合理、公平，购买的产品和服务要与其价格相符。

3.1.3.2 生态旅游者的责任

生态旅游者在享受权益的同时，也要承担相应的责任，因为生态旅游是负有环境保护与促进当地社区经济发展双重责任的自然旅行，主要体现在以下两个方面。

A 环境保护的责任

生态旅游作为一种维护环境的旅游活动，生态旅游者在其中发挥着巨大的作用，他们热爱大自然，具有较强的环保意识，对旅游目的地的生态环境维护具有责任感。这种责任感具体来说包括尊重旅游目的地的生命、尊重旅游目的地的自然生态系统、尊重旅游目的地的生态过程以及尊重旅游目的地的文化。

B 促进旅游社区经济发展的责任

生态旅游区与所在地社区经济发展有密切联系，生态旅游区的建立会制定相应的资源保护政策，限制社区居民对自然资源的传统性利用，同时，旅游的开发也对当地社区有不同程度的影响。解决这一问题的途径之一就是提供物质条件解决他们的实际困难。资金来源除了政府补助之外，还有生态旅游的门票收入、捐赠或出售当地土特产的收入等。要认识到生态旅游区的建立，当地居民是作了巨大牺牲的，生态旅游者有责任让生态旅游区与当地社区共同发展、共同繁荣。

3.2 生态旅游者的分类

由于个性差异，不同的生态旅游者的生态旅游活动规律也不尽相同，对生态旅游者进行分类，有利于更好地开拓生态旅游细分市场，促进生态旅游业健康发展。目前，根据学者们研究问题的角度和目的不同，划分的标准也各异。比较常见的分类标准有生态意识、国境国界、组织形式、目的方式等。

3.2.1 以生态意识为标准进行分类

依据生态旅游者旅游动机和旅游行为的生态化程度将生态旅游者划分为严格的生态旅游者和一般的生态旅游者及介于两种类型之间的组织性生态旅游者（Weaver，2001；肖朝霞等，2004）。

3.2.1.1 严格的生态旅游者

严格的生态旅游者（hard ecotourist）在人与自然关系的价值取向上，信仰生物中心论，对大自然充满了尊重、敬畏与关爱，认为人与自然是一种平等的朋友关系。因此他们不但有强烈的生态意识、深刻的环境责任感，愿意主动接近大自然，聆听大自然的呼声，关注和思考环境问题，而且他们对旅游舒适度的要求很低，如他们不会为了自身的方便而要求修筑公路、索道等交通设施，认为这将损害当地的生态环境，相反，他们希望在旅行过程中有体力上的挑战。严格的生态旅游者对食、住、行、游、购、娱等传统旅游的六大要素的服务要求较低，如他们有时不会住酒店，而愿意住在当地社区居民开办的家庭旅馆里。严格的生态旅游者真正体现出了生态旅游的核心思想，具备充分的生态意识与生态道德，但他们只占据了整个生态旅游市场的一小部分。

3.2.1.2　一般的生态旅游者

一般的生态旅游者（soft ecotourist）代表了与严格的生态旅游者相对的另一端。在人与自然关系的价值取向上，他们具有明显的人类中心论倾向，认为人类优于自然界，或是独立于自然界。因此，他们只把大自然当作一种旅游消费对象，他们喜欢通过导游解说、指示标牌或解译中心来获得有关自然的知识，而不是自己主动去了解，缺乏与自然环境的深入交流。与严格的生态旅游者相比，一般的生态旅游者往往只有中等或表层的生态意识，所以对旅游舒适度的要求较高，他们希望景区能提供足够的设施和服务条件，希望能够玩得“舒舒服服”，甚至希望在旅游途中也要获得都市中的享受。因此对旅游传统六要素的服务要求很高，如他们要住酒店，食品要可口，要求有足够的卫生设施等。本质上讲，一般的生态旅游者是大众旅游者，他们喜欢偶尔和自然环境接触一下，以显示与其他普通旅游方式的旅游者有所不同。一般的生态旅游者占据了整个生态旅游市场的大部分。

3.2.1.3　组织性生态旅游者

Weaver 和 Lawton（2001）对在澳大利亚拉明顿国家公园生态旅馆内过夜的旅游者进行了调查。他们的调查结果证实了人们对严格的和一般的生态旅游者划分标准的认识。但是他们在这一案例中并没有发现一个介于严格的和一般的生态旅游之间的过渡性团体，因此他们提出了组织性生态旅游者（structured ecotourist）的概念。组织性生态旅游者拥有学习和了解自然环境的旅游动机，也具有较强的环境责任感，这一点他们类似严格的生态旅游者。但是他们要求一定的旅游服务条件，从这一角度看他们更接近于一般的生态旅游者。例如依靠旅行社替他们安排旅游行程，喜欢有导游人员陪同旅行，还认为生态旅游区应该为参观者提供足够的旅游服务和设施。因此，他们是通过传统的正规旅游业来参与生态旅游的自然爱好者。

3.2.2　以国境国界为标准进行分类

国境国界标准是依据生态旅游者定居或长居（连续居住 1 年以上）国的国境和生态旅游者是否跨越国界为标准对生态旅游者进行分类。依据这一标准，可将生态旅游者分为国际生态旅游者和国内生态旅游者。

3.2.2.1　国际生态旅游者

国际生态旅游者是指暂时离开自己的定居国或长居国，入境到其他国家进行生态旅游的旅游者。在我国，暂时离开定居国或长居国，入境到我国境内进行生态旅游的旅游者，都可称之为国际生态旅游者。凡是通过中国驻外使、领馆，各国对外友好团体，或同中国旅行机构有联系的外国旅行社以及直接同中国国际旅行总社联系，申请办理后持有“L”签证（“L”签证的签发对象为来中国大陆旅游、探亲或因其他私人事务入境人员）的外国旅游者、华侨、中国血统的外籍人和港澳台同胞，均可凭签证前往我国政府指定的对外开放地区进行生态旅游。

3.2.2.2 国内生态旅游者

国内生态旅游者是指暂时离开自己的定居地或长居地前往本国境内其他地区进行生态旅游的旅游者。国内生态旅游者，既可以是取得所住国国籍的居民，又可以是没有取得所住国国籍而长期在所住国学习、工作、疗养、休息或从事其他活动的人。与国际生态旅游者相比，国内生态旅游者消费较少，出游时间较短，而且由于不需要签证，没有语言文字、生活习俗等方面的障碍，所以自由度较大，活动更便利。

3.2.3 以组织形式为标准进行分类

组织形式标准即根据旅游者的组织形式对旅游者进行分类。依照这一标准，可将生态旅游者分为团体生态旅游者和散客生态旅游者两类。

3.2.3.1 团体生态旅游者

团体生态旅游者又称为团体包价生态旅游者，是指参与通过旅行社或其他旅游组织事先计划、统一组织、精心编排生态旅游项目，提供相关服务工作并以总价格形式一次性地收取旅游费用的生态旅游团体的生态旅游者，其团队人数一般不少于15人。其优点是安全、可靠、方便，且费用相对便宜；但由于所有活动都是有组织地集体进行，个人便相对缺乏自由活动的余地。

3.2.3.2 散客生态旅游者

散客生态旅游者又称为个体或自助生态旅游者，是指个体、家庭或15人以下自行结伴进行生态旅游活动的人。与团体生态旅游相比，散客生态旅游者更加自由、独立，但是旅游活动的各个要素都必须亲力亲为，因此事先必须要做好详细的计划及安排，否则旅行过程将费钱、费时。

3.2.4 以目的方式为标准进行分类

按照旅游目的和方式对生态旅游者进行分类，大致可以分为观光型、参与型、专门型、综合型等四种基本类型。

3.2.4.1 观光型生态旅游者

观光型生态旅游者是指以游览观赏自然生态系统为主要目的的生态旅游者，如观赏山地、冰川、火山迹地、溶洞、沙漠、湖泊、江河、森林、草原、湿地、植物园、野生动物园等；此外还包括人文生态系统的诸多有形实体要素，例如农舍、村镇等。其特点是渴望走进、认识大自然，了解特色文化，开阔视野，一般逗留时间较短，花费不高。

3.2.4.2 参与型生态旅游者

参与型生态旅游者是指积极参与旅游的有关活动的生态旅游者，例如植树造林、清理环境、环保宣传、登山、骑自行车、野营、垂钓等。特点是外出旅游的季节性强，不拘泥于具体的旅游地点与时间，更加在意活动本身，一般逗留时间较长，花费较多。

3.2.4.3 专门型生态旅游者

专门型生态旅游者是指为某一特殊的动机外出旅游的生态旅游者，例如参加特殊的科学考察活动，或借助特殊的旅游资源和生态环境增进身体健康的活动，如体育保健游等。特点是受过良好的教育，求知欲强，具有某种专长或特殊兴趣，有一定的经济基础，不限于某一个旅游目的地，事先安排较为周密。

3.2.4.4　综合型生态旅游者

综合型生态旅游者是指观光、参与或专门等旅游目的或方式两种以上的有机组合，此类旅游者是生态旅游者类型的主体，占大多数。

3.3　生态旅游者的形成与培养

生态旅游者的形成，既取决于他们所具有的客观条件，又取决于生态旅游者本身的主观条件，而且对其培养也非常重要。只有当主、客观条件均充分时，才能成为真正的生态旅游者，也才有利于生态意识的培育。

3.3.1　生态旅游者形成的客观条件

生态旅游者形成的客观条件涉及社会生活的各个方面，主要包括生态旅游者和生态旅游地两个方面，它们相互联系、共同作用，如图 3-1 所示。

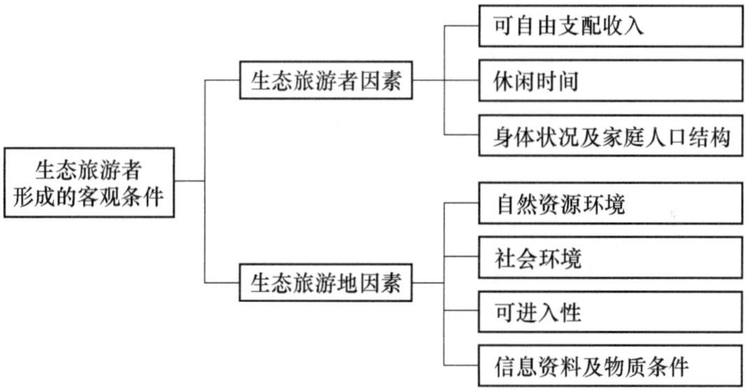

图 3-1　影响生态旅游者形成的客观条件

3.3.1.1　生态旅游者因素

A　可自由支配收入

反映一个人的经济能力如何，主要是看其可自由支配收入的多少。可自由支配收入指的是居民在一定时期内的全部收入，在扣除社会花费（个人所得税、健康和人寿保险、老年退休的预支、失业补贴的预支等）和日常生活必需消费（衣、食、住、行等）及预防意外开支的储蓄（突发事故所需费用）之后，剩下的收入部分。这一收入的消费一般有两种选择：一是高档耐用消费品的消费；另一种是旅游（包含生态旅游）消费。这两种消费往往是同步进行的，但当电冰箱、洗衣机、汽车之类的高档耐用消费品达到饱和状态时，人们就主要把这部分款项用于旅游消费了。

B　休闲时间

休闲时间是不受其他条件约束，完全可自由支配的时间，它是决定能否参加生态旅游活动的必要条件。随着我国休假制度的日益完善，城市居民休闲时间逐渐增多，越来越渴望远离工作的压力、城市的喧嚣，更加愿意亲近大自然、回归大自然，放松心情，回归自我。生态旅游自然成了一种生活和休闲时尚。

C 身体状况及家庭人口结构

一个人的身体能力和健康状况如何，直接影响着他能否成为一名生态旅游者。由于生态旅游是在大自然中进行，对体力的要求比较高，对体能的消耗较大，身体状况成了能否出游的重要生理性因素，尤其是登山探险旅游、自行车旅游、滑雪旅游等生态旅游活动形式对身体健康状况要求就很高。此外，家庭人口结构也是影响生态旅游者形成的重要条件。据相关调查表明，没有孩子的夫妻家庭及单身男女家庭最容易产生生态旅游者。

3.3.1.2 生态旅游地因素

A 旅游地自然资源环境

生态旅游本质上是一种旅游活动类型，生态旅游者往往渴望到具有优美自然景色和丰厚历史文化遗存地区，以求新、求异、求知为目的，了解和欣赏目的地的自然和文化，因此，具有生态美的旅游资源环境是吸引生态旅游者的重要因素。

B 旅游地社会环境

这里的社会环境即一个旅游地的社会、政治、经济现状等，其对生态旅游者的形成有直接或间接两方面的影响。首先，旅游者有一个共同的心理需求，那就是追求安全、舒适和友善的旅游社会环境，他们愿意选择社会环境安定、生活方式相近、政治观点相似的国家（或地区）去旅行。其次，生态旅游地的社会、政治、经济等发达程度将影响到旅游交通业、住宿业等旅游服务业的发展以及都市化进程，这些因素也会对生态旅游者形成有一定影响。

C 旅游地其他相关条件

除了旅游地的资源环境、社会环境以外，旅游地的可进入性、信息资料与物质条件地提供也是影响生态旅游者形成的客观因素。旅游地的可进入性是由旅游客源地与目的地之间的距离、交通及国际旅游中的旅游入关签证、服务效率等因素决定的，这些客观因素将极大影响生态旅游者是否前往该地旅游。此外，旅游地的景区导游图、景区服务设施、安全保障设施等物质条件地提供，都将影响旅游者对景区的感知形象，从而影响生态旅游者的形成。

3.3.2 生态旅游者形成的主观条件

参加生态旅游活动，除了具备生态旅游的客观条件，还需要有强烈的旅游动机，这就是生态旅游者形成的主观条件。生态旅游动机是直接推动人们进行生态旅游活动的内部动因。

3.3.2.1 旅游动机的产生

动机产生于人的某种需求，当人有某种旅游需求时，心理上会产生紧张或不安的状态，成为一种内在的驱动力，这就产生了旅游动机，如为了健康的需求参加保健旅游，为了探索的需求参加海底旅行。有了旅游动机进而要选择或寻找旅游目的地，目的地确定后，随之就为满足需求而进行旅游活动，旅游活动结束后心理紧张也随之消除，但过一定时期又会重新产生旅游需求，这样又有新的旅游动机产生，因此，旅游动机的产生和满足过程是动态的、循环往复的，如图 3-2 所示。

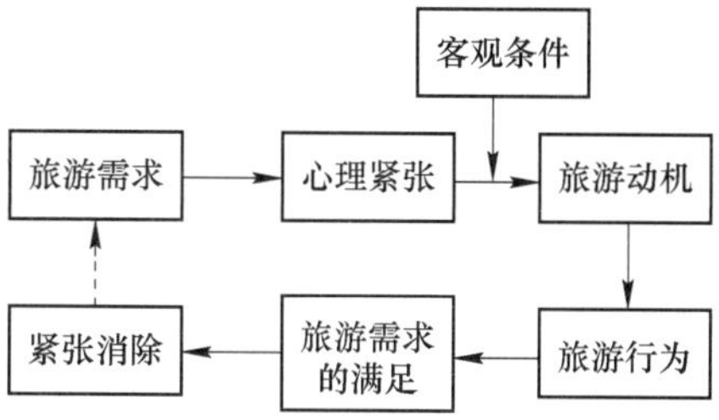

图 3-2　旅游动机产生和满足过程模式图

总之，有什么样的需求，便会有什么样的动机表现出来，要了解人们的旅游动机如何，必须充分理解人们的愿望、意向、兴趣及理想。

3.3.2.2　生态旅游者旅游动机的产生原因

生态旅游者参加生态旅游的动机是为了满足其“回归大自然”的心理需求。回归大自然指的是人类想离开过于人工雕琢的环境，到人与自然相和谐的环境中去享受绿色的熏陶，由于人类原本起源于自然，脱胎于自然，故把人类这种重返自然的行为称为“回归大自然”。人们想回归大自然，是外因与内因共同作用的结果。

外因主要是生存环境的恶化。因人口密集、工厂林立、交通频繁等而使环境遭受严重污染和破坏，人们的生活环境不再鸟语花香、空气清新、饮水洁净，于是期望返璞归真，回归大自然，寻找环境质量好的“世外桃源”。

内因主要是精神上对自然的母亲情结与身体需要恢复精力。人类属于自然，人类文明根源于自然，所以人类到大自然中去能找回原始的、混沌的精神家园。同时，喧嚣拥挤的城市、快节奏和重复的工作，使人们感到压抑、烦闷、疲劳，而到宁静又祥和的大自然去，可以将一切烦恼抛掷于脑后，得到彻底放松。

3.3.2.3　影响生态旅游者旅游动机的因素

马斯洛（Abraham Harold Maslow）把人类行为的动力从理论上和原则上做了系统的整理后提出了著名的需求层次论，该理论根据人的精神发展过程中所占支配地位的先后把需求分为五个层次：生理的需求、安全的需求、社交的需求、尊重的需求、自我实现的需求。它们是生态旅游者旅游动机的生理、心理基础，生态旅游正是满足此类需求在行动上的体现，因此这些需求是生态旅游者旅游动机的动因，这个动因主要受社会文化因素以及社会群体因素的双重影响。

A　社会文化因素

文化是一个综合体，主要包括知识、信仰、艺术、法律、道德、习俗等因素。不同的国家、民族，都有自己不同的文化，不同的文化导致旅游动机不尽相同。影响生态旅游者旅游动机的社会文化因素主要包括以下几项。

（1）生态文化。所谓生态文化，就是人类与自然和谐共进、实现人类可持续发展的文化。生态文化的传播影响着旅游者的出游动机，越来越多的旅游者渴望走进自然，探索人类与自然界的相互依存关系，体验与自然环境水乳交融、和睦共处的天人合一境界，他们提出了“返璞归真”“回归大自然”“生态环境游——时尚选择”等口号，倡导“森林浴”“空气负离子浴”“野外生存”等新的旅行方式，掀起一股生态旅游消费热潮。

(2) 民族习俗。民族习俗是人们在一定地域内经过长期的社会实践而自发形成的习惯性行为的总称。它涉及社会生活的各个方面，包括消费习俗、礼仪习俗、节日习俗、商业习俗等，不同的习俗使人们产生不同的消费行为。如有的民族崇尚勤劳、节俭，乡情浓厚，不愿离开家乡到异地；有的民族爱好四处周游、探险，欣赏异地的人文、自然景观，从而体现生命的价值。

(3) 宗教文化。宗教是一种社会意识形态，相信并崇拜超自然的神灵，是支配着人们日常生活的自然力量和社会力量在人们头脑中的歪曲、虚幻的反映。它是人类文化的重要组成部分，影响到人们的思想意识、生活习俗、文化艺术、价值观念、行为准则等领域，从而导致不同的消费需求与模式。例如，我国许多名山大川既是宗教圣地又是开展生态旅游的自然保护区，如梵净山、鼎湖山，相当一部分生态旅游者是宗教信徒。

(4) 价值观。价值观是指人们对客观事物的评价标准，它包括时间观念、财富观念、对生活的态度、对冒险的态度和对社会文化的态度，决定了人们的是非观、善恶观和主次观，并在很大程度上决定着人们的行为举止。不同国家、不同民族及有不同宗教信仰的人，其价值观存在着明显的差异，因此其衡量旅游产品的价值也不相同。生态旅游者由于具有较高的生态价值观，尽管有较高的旅游支付能力，但对大自然环境中的交通不便、食宿难保并不斤斤计较，他们跋山涉水、风餐露宿，不惜“花钱买罪受。”

B 社会群体因素

人不仅不能脱离社会群体而独立生存，而且社会群体对人的行为有着明显的影响。群体一般指由心理上有一定联系并相互影响的成员构成的一种组织形式，我们从家庭与社会阶层两个层面来理解群体对生态旅游者旅游动机的影响。

(1) 家庭结构。家庭结构是指家庭成员的组合形式，可分为核心家庭、夫妻式家庭、主干家庭和扩展家庭。家庭结构不同，对生态旅游消费需求也不同。相关调查结果显示，没有孩子的夫妻家庭，经济条件宽裕，闲暇时间较多，很容易产生旅游需求；而其他类型的家庭，由于抚养子女、赡养老人等因素，不太容易产生旅游需求。

(2) 社会阶层。社会阶层即每个社会成员担当的角色。根据职业、财富、知识或声望，可以区分为若干个阶层。社会阶层与生态旅游者的动机十分密切。同一社会阶层的生态旅游者的价值观念、认识信息及态度等各方面都有相似的心理驱使，往往表现出相似的行为方式以及与其他社会阶层相比具有鲜明特色的生活作风。据相关调查显示，生态旅游者受教育程度比一般旅游者要高。当然，随着生态旅游的日益普及，对生态旅游感兴趣的人有从高文化层次群体向较低文化层次群体转移的趋势。

3.3.3 生态旅游者的培养

具备了生态旅游者形成的主客观条件，生态旅游者就可能产生到大自然中去的旅游行为。但作为一名合格的生态旅游者，还应具有较强的环境意识，这种意识不是与生俱来的，需要教育和培养。

3.3.3.1 培养的意义

生态旅游要旨之一是旅游资源与生态环境受到保护，除了制定相应的政策法令和规章制度，采取有效的技术措施外，还要大力加强环保知识在旅游者中的普及工作。一个人通过环境教育，从而成为向往大自然、自觉保护大自然的生态旅游者的过程就是生态旅游者的培养过程。

A 有助于生态旅游目标的实现

旅游的发展既依赖于生态环境，又对生态环境产生影响，其中负面影响主要表现为对可供观赏的山川湖泊、名泉瀑布、名胜古迹、动植物资源等景观的损害和污染，以及对目的地居民文化较大程度的冲击，这些负面影响对旅游业的健康发展起阻碍作用。为使其减少到容许的范围内，旅游从业人员和当地居民应进行妥善管理并积极支持，更重要的是提高旅游者的环境保护意识，使爱护旅游目的地的行动成为自觉行动，促进生态旅游业可持续发展目标的实现。

B 有助于生态旅游客源的扩大

生态旅游者通过培养，能够激发对大自然环境复杂多样性、生态系统特征、生态平衡原理、生物多样性及其价值等知识的兴趣，这种探索与理解的兴趣一旦产生将因大自然的奥妙无穷而持久，而且认识越深入，爱护与维护大自然的意识将越强烈，这样就不断有游客反复多次参加生态旅游活动，也不断有经过培养的传统大众旅游者成为新的生态旅游者。从总体上看，生态旅游的客源在不断扩大。

C 有助于全民环保意识的提高

在全球性环境问题日益严重的今天，环境教育是一个全社会的课题，涉及社会的各个方面，需要采取各种各样的途径和方式，促进人们去关注生存环境。生态旅游者的培养正是这个社会环境教育大系统中的一个重要环节，这个环节做好了，有助于推动全社会的环境教育，进而提高全民环保意识，使人们树立多元的变化和持续发展的环境观，引导其行为。

3.3.3.2 培养的内容

生态旅游者的培养主要包括两方面内容：自然知识和环境意识。自然知识是提高环境意识的基础，通过理解自然，欣赏自然，进而保护自然。

A 自然知识

自然环境是人类生存、繁衍的物质基础，要保护和改善自然环境，首先必须认识自然，这包括地质地貌、江河湖海、气象气候、动物植物、宇宙繁星等丰富内容，涉及这些组分的起源、构成、规律、特征及价值等各个方面。对某个生态旅游区而言，主要是深入洞察自然生态资源的性质、类别、成因与造景机制，切身体验所在社区的风俗习惯与社会文化。另外，生态旅游活动的指南，如森林浴的方式、野外露营的注意事项、滑雪的技巧等也应在培养之列。

B 环境意识

环境意识包括两个方面的内容：一是人们对生态环境的认知水平，即环境价值观念；二是人们参与保护生态环境行为的自觉程度。环境价值观念的树立是环境保护行为的前提，而环境保护行为是环境价值观念的反映。培养环境意识就是要使人们认识到，自然界是包括人类在内的一个有机整体，人类必须遵从自然规律，合理地调节人与自然的物质和能量交换，从而达到人与自然的和谐共存与共同发展，意识到生态旅游区中各组成部分的有机联系及相互间固有的物质和能量交换规律，人类活动对其自然平衡的破坏作用和当地社区社会文化的可能负面影响，维护自然的调节能力和社会文化的纯洁性，把人类对自然、社会和文化环境的影响限制在其调节能力允许的范围之内。

C 活动指南

广袤的大自然给生态旅游者提供了宽阔的舞台，他们在其中可进行丰富多彩的活动，如野生动物观赏、自行车旅游、漂流、徒步旅行等，每一类活动都有其内容特点、注意事项与要求，如森林旅游时如何防治毒蛇咬伤、野外怎样更安全地选择宿营地、搭盖帐篷的方法和技巧、观赏野生动物的工具选择，如何做到旅行过程中不使旅游对象受损害等。生态旅游者只有熟悉这些知识，掌握其要点与技巧，才能真正体会到大自然的挑战和乐趣，达到预期效果（严力蛟，2007）。

3.3.3.3 培养的途径

生态旅游者的培养是一个系统的综合过程，需要社会和个人的共同努力。首先，人可以通过直接的书本内容学习与间接的实践活动学习，培养与提高自身的环境意识；其次，社会与政府也应从可行的方式出发，引导全社会公民去了解、认识并关心环境及相关问题，例如通过广播、电视、报纸杂志等媒体，调动多方面的社会力量，采取丰富多彩、生动活泼的教育形式，把生态意识上升为全民意识，使热爱自然、保护自然成为人类的共同意愿。

此外，生态旅游者的培养还有一个重要途径，即生态旅游区环境教育。生态旅游区是游客参加生态旅游的场所，生态旅游者完全可以在这些大自然的场所里进行最形象的自我教育和社会教育。生态旅游区在旅游过程中为旅游者提供信息和学习机会，是“旅游+环境教育”式的双重行为，旅游者会在享受之余学到和感受到很多有益的东西，自觉培养起环保意识和热爱大自然的高尚情操。旅游者广泛接触大自然，融入当地的人文生态环境中，既充分欣赏、享受生态旅游区的生态环境，又积极充当生态环境的保护者。

在生态旅游区，其现场教育主要是通过建立旅游区的环境解说系统，利用环境解说的各种方式进行的。旅游区环境解说（environment interpretation）是通过实物、人工模型、景观、现场资料和解说人员解说等方式，提高旅游者对旅游区环境特征和价值的认识，强化旅游者与环境在情感与智力上的交流。良好的环境解说应该是旅游者与旅游区和当地社区联系的桥梁与纽带，具有为旅游者提供信息、服务和娱乐等功能，也是提高旅游者环境意识的积极步骤，这是正规环境教育过程必不可少的补充。生态旅游区可以因地制宜选择不同的环境解说方式。值得注意的是，无论环境解说系统采取何种方式，它们必须依赖特定的语言，要分析游客来源，确定主要客源地，选择合适的语种进行准确解译，并尽可能翻译成多国文字。

3.4 生态旅游者行为

对生态旅游者行为的研究是为了更好地了解生态旅游者、培养和扩大生态旅游者群体，提高旅游者的环境保护意识。

3.4.1 生态旅游者保护性旅游行为的概念

传统大众旅游者在旅游活动中，行为方式常表现为只重视游乐行为本身，而忽视保护的错误倾向，这类旅游者认为旅游就是游乐，跟环境没有关系。在这种认识的误导下，旅游行为导致了对大气、水体、噪声、土壤、社会文化等环境和各类旅游资源的破坏。

实际上，环境是旅游业的基础，良好的环境给旅游者提供了游览内容，而旅游不仅通过自身的活动提高了公众的环境意识，促进了环境保护，还可以直接用旅游收入的一部分使保护措施得以实施。生态旅游正是反映旅游与环境相互依存关系的旅游活动形式，主体是具有较强环境意识的生态旅游者，他们的行为称为保护性旅游行为。生态旅游者保护性旅游行为是指带有环境意识的旅游行为过程，这种行为在食、住、行、游、购、娱六个环节中都很注意保护，强调的是旅游与保护的和谐统一，而不只着重偏向某一方面。

3.4.2 生态旅游者保护性旅游行为的特点

生态旅游者的保护性旅游行为是一种与传统大众旅游者纯粹的消费行为相对应的行为，强调旅游者的旅游权益与环境保护责任的统一，具有鲜明的特点。

3.4.2.1 环保性

环保性是指生态旅游者的保护性旅游行为是有益于景区环境保护的活动形式。广袤的大自然和博大精深的特色文化给生态旅游者提供了宽广的舞台，他们既在其中进行丰富多彩的活动，又在责任感的驱使下，自觉要求自己的行为不对环境产生不良影响与破坏，尊重和保护当地的文化，并为所在社区的经济发展做出应有的贡献。

3.4.2.2 知识性

知识性是指保护性旅游行为是具有较高知识信息含量的活动形式。旅游者在欣赏景区优美景观的同时，在景区环境解说系统支持下，进一步理解与大自然相关的生态知识与原理、了解民俗风情的文化内涵等，不仅获得了丰富的科学文化知识，也提高了自己的环境意识。

3.4.2.3 参与性

参与性是指保护性旅游行为是生态旅游者广泛参与的活动形式。在生态旅游过程中，旅游者身体力行、积极投入，主动体验大自然提供的阳光、空气、水及人与自然和谐的文化。同时，生态旅游者还直接或间接地参与旅游区的环境保护、生态建设和社区发展。

3.4.2.4 替代性

替代性是指旅游者旅游经历的可替代性，表现为旅游者的旅游时间、交通工具、目的地及活动方式可随着更有利于景区环境保护的要求而改变，即生态旅游者容易接受旅游要素的改变，对旅游环境或服务的依赖性更小，景区经营者也更能按照环境特点合理布局资源的游憩利用方式，从而更有利于生态脆弱的地段受到保护。例如在自然保护区内，生态旅游者更愿意徒步或骑马而放弃乘车游览，从而使环境影响减至最低。

3.4.3 保护性旅游行为的层次与阶段

3.4.3.1 保护性旅游行为的层次

钟林生等人把生态旅游者的保护性生态旅游行为过程分为三个层次：第一，基本层次是亲近自然，生态旅游者置身于大自然中，呼吸新鲜空气，倾听自然的声音，享受自然的宁静与幽远；第二，提高层次是学习自然，考察自然的奥秘，探索万物的真谛，从而扩大视野，增长知识；第三，专门层次是保护自然，生态旅游者在亲近自然、学习自然之后，产生对自然的崇尚与热爱之情，增强环境保护意识，从而积极参加保护自然的行动与活动。三个层次的相互关系如图 3-3 所示。

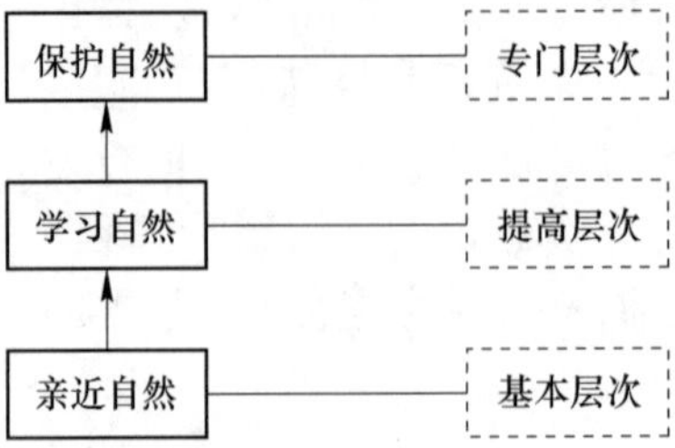

图 3-3　生态旅游者的保护性旅游行为层次

3.4.3.2　保护性旅游行为的阶段

对一个旅游行为过程而言，不同的旅游行为也有不同的阶段。在库珀（C. Cooper）主编的《旅游发展：环境和社区问题》一书中对生态旅游者行为过程中精神境界的三个过程进行了分析：第一个阶段是“自然”，即回归大自然，到大自然中去；第二个阶段是“怀旧”，怀念人类的童年，勾起对原始美好环境的回忆；第三个阶段是“天堂”，心境仿佛到了“天人合一”的人间仙境。这三个阶段是递进的，是生态旅游者的旅游体验过程，较高阶段的体验出现在较低阶段的体验过后。

3.4.4　保护性旅游行为的保护行动指南

生态旅游者来到类型各异的生态旅游区（如自然保护区、森林公园、风景名胜区、湿地公园、地质公园、水利风景区等），可以有丰富多彩的保护性旅游行为活动，如在森林公园里，可以进行游览观光、登山探险、垂钓、森林浴、空气负离子浴、野营、绿色夏令营、营造纪念林、滑雪、远足、漂流等活动。但在保护性旅游行为过程中，要贯穿环保意识，环保意识要落实到行为中去，至于具体做法，有些国家提出了自己的方案。我国人与生物圈国家委员会也在该组织出版的《中国生物圈保护区》杂志里介绍了关于生态旅游者的旅行要求。这些要求是保护性旅游行为过程中的保护行动指南，可以归结为以下几个要点。

3.4.4.1　旅行准备

生态旅游者一旦决定要访问某个生态旅游区，出发之前要在有关信息册和宣传材料中学习关于该地的自然、习俗、礼仪和文化知识，如该地的生态系统特点、生物多样性的种类、珍稀濒危物种、当地居民的宗教信仰、民族传统文化等，以明确对环境保护所负有的责任与义务，为旅行准备好必要的旅游与环保工具，如带走垃圾的塑料袋。

3.4.4.2　旅行途中

生态旅游者在旅行中所涉及的食、住、行、游、购、娱六个环节都有保护的内涵要求。

A　食与住

吃要入乡随俗，尊重当地居民有关吃的习俗，自觉不吃用珍稀濒危动植物烹饪的食品，如娃娃鱼、穿山甲等，属于国家保护动物。住以方便简单为原则，督促生态旅游经营者不将住宿设施建在生态系统脆弱的地带。

B 行与游

行尽可能徒步或使用对环境无害的交通工具，自带的机动车辆在停车时关闭发动机；沿设定的旅游通道走，不打扰动物（如不要穿色彩鲜艳、图案杂乱的外衣，不使用香水等），不侵犯其自然栖息地，不踩踏珍贵植物的群落系统；沿途若有居民，不要有向儿童分发糖果等自发馈赠行为，要知道这对当地文化是一种冲击，如确有要馈赠的东西，可通过村镇的年长者或学校教师来分发。旅游时不采集被保护的生物物种，不要折断树枝，不要乱扔杂物，在当地居民允许的前提下参加有关文化习俗的活动，尊重他人的隐私，要征得他人的同意方可拍照，可以积极致力于当地自然保护事业。

C 娱与购

娱乐活动时注意不要大声喧哗，保持“干扰距离”，不投喂、不恐吓、不搂抱参与娱乐的野生动物。购买纪念品时，如果是被保护物种的制品，请拒绝购买，如象牙、龟甲、皮革等。被保护生物有可能成为被高价走私的物品，生态旅游者如果购买被保护生物或其制品，将会导致被保护生物物种的灭绝，生态旅游者购买当地的纪念品，要本着支援当地人生活、有利于物种保护的态度，购买经认可的纪念品。

另外，还应积极参加自然保护的有益活动。人类只有一个地球，保护自然，爱护环境，人人有责，如向目的地捐助资金，提供知识技术，参加保护环境的宣传和义务劳动等。

3.4.4.3 旅行结束

生态旅游者离开旅游目的地时，应将杂物或垃圾带走，不要随便丢弃，以免留下来污染自然环境，增加生态旅游区的保护经济开支，而非法“纪念品”不允许携归，真正做到“留下的只有你的脚步和愉悦，带走的只有你的照片和欢笑。”同时，如果对旅游目的地的环保措施有什么见解或建议，应积极把信息反馈给经营者，以便于生态旅游事业的可持续发展。

4　生态旅游资源

生态旅游资源是随生态旅游活动而出现的概念，它是吸引生态旅游者“回归大自然”的客体，又是生态旅游活动得以实施和生态旅游得以形成和发展的物质基础。

4.1　生态旅游资源概述

作为生态旅游活动直接对象的生态旅游资源，随着生态旅游活动的发展而逐渐进入人们的视野，然而从理论上对它的认识却因人而异。在吸取一些学者对生态旅游资源概念理解的基础上，结合我国的国情，分析目前生态旅游资源概念争议热点问题，提出生态旅游资源的定义及其具体范畴，并总结出生态旅游资源的几大特点。

4.1.1　生态旅游资源的概念

在生态旅游发展不够成熟的今天，作为生态旅游对象的生态旅游资源还没有一个被普遍认同的概念。在前人工作基础上，结合自己的实际研究工作，提出了生态旅游资源的定义，并赋予其内涵。

4.1.1.1　旅游资源的概念

旅游资源是一个国家或地区发展旅游业的基础，旅游资源的研究一开始就是旅游研究的重要组成部分。虽然对旅游资源的概念尚无公认的说法，但综合分析各种各样对旅游资源的定义会发现，学者们在某些方面对旅游资源有着较为一致的理解，如强调旅游资源的吸引功能，强调旅游资源的作用对象，指明旅游资源的基本内容，说明旅游资源与旅游业的联系等。基于学术界对旅游资源概念的一些共识，旅游资源的概念可以表述为：旅游资源是指存在于一定地域空间，具有审美、愉悦价值和旅游功能，能够吸引人们产生旅游动机并实施旅游行为的因素的总和。它们能够被旅游业利用，并且在通常情况下能够产生社会效益、环境效益和经济效益。所以，旅游资源又称作“旅游吸引物（因素）”。

4.1.1.2　生态旅游资源的内涵与定义

就我国国情而言，生态旅游资源应该具有以下内涵。

（1）生态旅游资源包括多个方面，既包括自然形成的，也包括人与自然共同作用的和人工恢复的生态旅游资源；既包括生态现象，也包括生态环境。

（2）具有地方特色，能烘托吸引游客的生态旅游气氛的旅游接待设施和旅游服务均可视为旅游资源。

（3）生态旅游资源既包括物质——“有形的生态旅游资源”，又包括精神——“无形的生态旅游资源”。

（4）只要对游客有吸引力，旅游业开发和利用后能产生效益的生态系统均可视为生态旅游资源，只是存在“潜在”和“现实”的差异。

（5）生态旅游资源的开发除了满足生态旅游者回归自然、认知自然、体验自然的需求，促进旅游地的生态环境保护外，还应促进旅游地的社会和经济的发展，使生态效益、经济效益和社会效益能够得到有机的统一和协调。

（6）生态旅游资源吸引的旅游者是具有环保意识、生态文明和较强社会责任感的特指群体，因此生态旅游资源的概念也不宜过分泛化，应该突出生态旅游资源与其他旅游资源相区别的环境教育功能。

根据上述对生态旅游资源内涵的归纳，生态旅游资源可定义为：生态旅游资源是指具有生态美的吸引功能与生态功能，能够吸引游客前来进行生态旅游活动，能够对游客起到环境教育作用，能够被生态旅游业利用，并促进旅游地生态、经济、社会三大效益良性循环的自然事物和与人文资源相伴相生具有生态文化内涵的人文事物等旅游活动对象。

4.1.1.3 生态旅游资源与传统大众旅游资源的比较

生态旅游资源诸多的独特性特点决定了其与传统大众旅游资源在吸引对象、效益功能、环境需要、美学需要等方面均有显著的差异，见表4-1。

表4-1 生态旅游资源与传统大众旅游资源比较

类型内容	传统大众旅游资源	生态旅游资源
吸引对象	吸引对象为大众旅游者，目的单一，很少注意自然界中生物之间的关系及所产生的自然现象，只是放松而已	希望获得有深度的“真正”经历；追求身体和精神的挑战；希望与当地居民交流学习文化；适应环境；探索未知现象，避免常规路线旅游；从个人和社会两个方面认为此经历是有益的；要求参与，而非被动；追求经历，而非舒适
效益功能	大多注重经济、社会效益，环境效益相对考虑较少	同时考虑经济、社会、文化和生态旅游4个效益，尤其更注重生态环境的保护和对游客的教育
环境需要	不提或提得少	环保思想贯穿于生态旅游地的规划、开发、利用、管理等各个方面
美学需要	大众资源，没有深层次的体会，仅仅是悦耳悦目的粗浅感受	生态旅游资源能触动人类的内心深处，达到悦心悦意和悦志悦神的最高审美境界

资料来源：张建萍．生态旅游［M］．修订版．北京：中国旅游出版社，2017.

4.1.2 生态旅游资源的特征

生态旅游资源的特性取决于生态旅游的特性。生态旅游资源作为生态旅游业吸引旅游者的客体，旅游开发利用后应产生经济、社会、生态三大效益，其本身又源于自然，在经济、社会、生态和自然4个方面都具有自己的属性特征，据此我们总结了生态旅游资源的几大特征。

4.1.2.1 生态特征

生态旅游资源作为一个生态系统，在其形成上具有原生性与和谐性特征；在其构成上具有整体性和系统性特征；因其自身的脆弱性，故需保护。

A 原生性与和谐性

原生性是指生态旅游资源作为一个生态系统原本是自然生成的，如通常所说的“原始森林”。原生自然生态系统既包括让人赏心悦目的山清水秀的山地森林生态系统，也应该包括一望无际、荒无人烟的荒漠。原生自然生态旅游是大自然经过几十亿年的演化，生命与当地环境磨合而成的，除了其感观上的赏心悦目，更以它丰富的美学、科学及文化内涵吸引旅游者。和谐性是指人遵循生态学规律，与自然共同创造的，与自然和谐的文化生态系统。这些生态系统的形成有的是因为生产力限制顺应自然而建，如农耕文明的田园风光；有的则是在“天人合一”的思想指导下所建，如中国名山、中国园林；有的则严格遵循自然生态学规律所建，如野生动植物园等。这些文化生态系统都有一个共同的特征，即人与自然和谐，或者说具有和谐之美。

B 综合性与系统性

综合性是指生态旅游资源是由地形、地貌、气候、水文、植物、动物及当地民族等生态因子所组成的一个综合体。如森林，其生长离不开当地的气温、水文及土壤，其内有与之相互依存的动物，当地人依靠它而生存和发展。系统性是指生态旅游资源系统各组分之间，系统的内部存在着相互联系、相互依存、相互限制的关系，正是这种关系使其构成一个有机的系统。在这个系统中存在着自己特有的生态结构特征和能量流、信息流和物质循环，旅游者作为一个生物体参与到这一系统的同时，也对这一生态系统的演替发挥重要作用。

C 脆弱性和保护性

脆弱性是指生态旅游资源系统对作为外界干扰的旅游开发和旅游活动承受能力是有限的，超出这一限度就会影响和破坏这一系统的稳定性。从旅游开发方面看，不了解生态旅游资源的这一特征会造成对生态旅游资源的破坏。从旅游管理方面看，只顾眼前旅游经济效益，不顾生态旅游资源的承载力的超载经营必将对生态旅游资源造成破坏。针对生态旅游资源的脆弱性，为了生态旅游资源的可持续利用，保护成为必然。欲在旅游开发和管理中有效地保护生态旅游资源，就必须遵循生态学规律，在开发上应坚持保护性开发原则；在管理上应杜绝旅游超载现象。

4.1.2.2 自然特征

生态旅游资源作为生态旅游系统中的客体，存在着时空分布规律，在空间上具有广泛性与地域性特征，在时间上有季节性和时代性特征。

A 广泛性与地域性

广泛性是指生态旅游资源作为客观存在，分布极为广泛。从天文空间规模来看，不仅地球上存在生态旅游资源，在宇宙空间也存在吸引人们前去“探大自然之秘”的东西，当然在目前的经济发展水平下只能作为“潜在”的生态旅游资源；从地理空间规模来看，整个地球从赤道到两极，从海洋到内陆，从平原到高山都存在生态旅游资源。随着科技和经济的发展，过去无人问津的南极、北极也逐渐由科考转为生态旅游之地；从区域空间规模来看，不仅人烟稀少的山区，在城市附近甚至城市内也都存在生态旅游资源。地域性是指任何生态旅游资源都是在当地特有的自然及文化生态环境下形成的具有与其他地方不同的地方性特征，即大自然中，无法找到完全一致的两个地方。如海洋和陆地不同，森林和草地不同，即便是森林，北方的森林与南方的森林也有种种差异。正是这种不同，这种差异的区域性成了吸引旅游者的真正动力。

B 季节性和时代性

季节性是指生态旅游资源的景致在一年中随季节而变化的特征，这一特征决定了生态旅游活动的季节变化，如春暖花开，适于温带地区久困严冬的人们外出；夏雨地区的夏季适合观瀑等活动；秋季红叶是北京西山最佳的景致；冬季白雪皑皑、千里冰封则是滑雪和观冰雕的最好季节。实质上，从时间上来看，自然景致在一日内也有变化，出现具有旅游意义的生态景致，如清晨的日出、傍晚的日落，都是人们观赏的自然生态景观。时代性是指在不同的历史时期，不同的社会经济条件下，由于旅游者兴趣发生变化，旅游资源的对象是不同的，如我国现代旅游发展之初，认为只有文物古迹才是生态旅游，随着旅游业的发展，绿色旅游消费潮的兴起，自然生态也逐渐作为旅游对象而成为生态旅游资源，食农家饭、喝农家水的田园旅游也仅是近几年才兴起的生态旅游活动。相比之下，一些热极一时的人造景观却因对旅游者失去吸引力而从旅游资源的范畴中淡去。

4.1.2.3 社会特征

生态旅游资源在社会方面具有精神价值的无限性和不同地域上的特异民族性两大特征。

A 精神价值的无限性

精神价值的无限性是指渗透于有形生态旅游资源内的无形的精神价值是允许人们或留给人们创造和想象的空间，和有形生态旅游资源客体在空间上的有限性相比，这一创造和想象的空间是无限的。生态旅游资源的精神价值包括美学价值、科学价值和文化价值及环境教育价值。我们认为生态旅游资源的开发不仅仅是修路筑桥开饭店，更重要的是从有形的生态旅游资源中发掘出精神价值。事实也证明，一个地方旅游开发成功与否，这一点是关键。

B 特异的民族性

特异的民族性是指受文化熏染的自然或人文生态旅游资源，在当地的自然和文化的作用下，人与自然融为一体的特征。如在我国高海拔藏族聚居区的严酷自然条件下，由于畏惧大自然，不少雪山都被视为神山，藏传佛教地区现今还能见到神牛、神羊、神鸡、神鸭等。一些风情较为浓郁的少数民族地区，都有自己的图腾，自己特有的生活方式，这些民族性各地不同，特异的民族性成为吸引旅游者的精髓所在。

4.1.2.4 经济特征

生态旅游资源作为旅游业获得效益的基础，从资源的角度上有不可移植性和可更新性特征；从市场需求上看有多样性特征；从旅游经营上看，具有资源及市场的垄断性特征。

A 不可移植性与可更新性

不可移植性是指生态旅游资源由于其地域性的特征决定了它在空间上不可能完全原样移位的特征。任何生态旅游资源都是在特定的自然地域及社会经济条件下形成的，可以移置一棵树，但却不可能移去其周围的环境及相互间的关系，故整个生态系统是不可能移置的。我国曾一度流行将不同地域上的人文旅游资源移置浓缩于一园，以吸引更多的旅游者，如“锦绣中华”“世界之窗”等。在我国旅游业发展初期，旅游者不甚成熟，我国经济发展与旅游需求关系不对称的状况下，这种移置景观确有市场。但随着时间的推移，旅游者的成熟，这种只能移其“形”而难以移其“神”的景观生命力每况愈下，认真分析不难发现，这一做法本身就是违背旅游资源“不可移植性”的规律。事实证明了人文景观移置尚且如此，生态旅游资源就更不能移置了。可更新性是指生态旅游资源由于其生态系统内生物组分的可更新性决定了它在生态规律下可以重新形成新的生态系统的特征。正是因为这一特点，我们在生态旅游开发时，可对一些过去曾被工农业及旅游影响甚至破坏的生态景观进行生态建设，如陡坡地上的退耕还林、污染水体的治理。也正是因为这一特征，使生态旅游业具有保护和治理环境问题的潜在功能。

B 市场需求的多样性

市场需求的多样性是指生态旅游者对生态旅游资源的类型、品位及空间距离的需求是不尽相同，各种各样的。从资源类型上看，有的旅游者喜欢秀美的山水景观；有的喜欢一望无际的大海、平原、沙漠景观；有的喜欢高耸入云的雪山冰川景观；有的喜欢世外桃源的田园景观。从品位上看，由于高品位的生态旅游目的地意味着高价值，旅游者各自经济上的差异就决定了有人出入世界自然遗产地；有的则寻求便宜的一般目的地。从空间距离看，旅游者的旅游需求是因其剩余经济和闲暇时间所决定的，一些剩余经济丰足、闲暇时间多的人往往喜欢远距离旅游，反之则寻求近距离旅游；而且，同一旅游者，闲暇时间长的期间可能出远门旅游，而类似周末的短时间休闲往往选择近郊旅游。生态旅游资源旅游需求的多样性决定了其旅游开发也应以满足旅游者的多样需求来规划设计。

C 旅游经营的垄断性

旅游经营的垄断性是指生态旅游资源由于其地域性和不可移植性决定了经营者具有独家经营的垄断性特征。正因为这一特征，在旅游经营上，不需要打“假”，因为旅游者对生态旅游资源的真假是有足够的分辨能力的，生态旅游资源的“专利权”也是受到“大自然”的保护，无人能够侵犯的。如湖南的张家界国家森林公园由湖南经营，其他任何地方都不可能推出第二个张家界森林公园。

4.1.3 生态旅游资源系统

4.1.3.1 生态旅游资源地域系统

生态旅游地域系统是指吸引游人进行生态感受、体验的各种场所。根据这些场所的性质和特点，可将其分成如森林、草原、湖泊、湿地、岛屿等许多生态旅游地域形态。

4.1.3.2 生态旅游资源结构系统

自1969年，世界自然保护联盟（IUCN）正式接受了美国关于国家公园的概念，世界上许多国家为了保护自己国家的生态环境，纷纷建立起自己的国家公园地域系统，尽管其发展规模、速度及保护单位名称、级别都不一样，但作为生态旅游地域来讲，它们无疑是这类旅游资源的主体。我国同世界各国一样，也在保护生物多样性和生态系统方面，建立了国家自然保护区、国家森林公园、国家风景名胜区、海洋自然保护区、野生动物繁殖中心、野生植物保存基地、生态研究站网等。这些都是生态旅游的重要地域，其中除保护区等一些核心区和部分缓冲区尚对生态旅游活动有所限制外，其余地区都可开展生态旅游活动。

4.2 生态旅游资源的形成与分类

生态旅游资源涉及的方面十分广泛，欲系统地认识和掌握，需从纵向和横向两个方面来认识。纵向是指在时间轴上追根溯源，寻找其形成的原因；横向是指在空间层面上分门别类地认识其分类系统和具体类型，从而为生态旅游资源的开发利用及其保护提供理论认识基础。

4.2.1 生态旅游资源的形成

生态旅游资源是在自然因素、人与自然共同营造下形成的。在人类大规模影响乃至破坏自然的当今，仍能保持其生态美的生态游资源还应考虑人类对自然自觉或不自觉的保护因素。

4.2.1.1 生态旅游资源形成的自然因素

A 气候因素

气候是某一地区多年天气的综合特征。在气候形成的众多因素中，太阳辐射是主导因素，由于太阳辐射在地面不同纬度上分布不均匀，使地球表面热量随着纬度的增加而减少，这是造成地球上气候差异的最主要原因，导致了从赤道到两极依次出现热带、温带、寒带等气候带，各气候带中可分为若干气候类型，并形成了相应的自然生态旅游景观带。由于海岸线分布等因素的影响，导致从大陆滨海往内陆方向水分逐渐减少，形成了湿润地区、半湿润地区、半干旱地区和干旱地区等不同的干湿地带，呈现出相应的自然带逐渐更替的现象，在中纬度地区尤为显著。在高山地区，从山麓到山顶，由于水热状况随海拔高度的增加而变化，形成了山地气候的垂直分布，使山地具有立体的自然生态旅游景观。在特定的时空条件下，由于大气的时空差异形成了生态旅游资源的气候环境背景。

B 水文因素

地球表面约有四分之三的面积覆盖着水，因而地球有“水的行星”之称，以区别于其他行星。地球上的水呈固态、液态、气态等形式分布于海洋、陆地和大气之中，形成了海洋水、陆地水、大气水等各种类型的水体，并共同组成一个连续不规则的水圈。水不仅是地球上人类和一切生物生存的物质基础，同时也是一种重要的生态旅游资源背景。其类型多样，包括了地面的海洋、河流、湖泊、瀑布、涌泉、冰川及地下暗河等。

C 地文因素

地球的内力作用对地壳的发展变化起着主导作用。地壳的运动可分为水平运动和升降运动两种。地球的岩石圈不是整体一块，而是被一些构造带分割成六大板块，大板块又可划分为若干小板块。这些板块漂浮在“软流层”上处于不断运动之中，在地壳水平运动作用下，使板块相对移动而彼此发生碰撞或张裂，形成了地表的基本形态。在板块的张裂地区，常形成海洋或裂谷，如大西洋、东非大裂谷等。在板块相互挤压的地区常形成山脉，如太平洋板块与周围大陆板块相碰撞分别形成了多火山、多地震的东亚岛弧带和美洲西部的科迪勒拉山系。雄伟的喜马拉雅山脉则是由亚欧板块和印度洋板块碰撞而形成的。地球的内力作用可以形成火山地貌、山岳地貌、峡谷地貌、断块山、陷落地貌等自然生态旅游资源基底。

地球外力作用的表现形式主要有风化作用、侵蚀作用、搬运作用、沉积作用和固结成岩作用等。外力作用可形成风沙地貌、流水地貌、喀斯特地貌、丹霞地貌、海岸地貌和冰川地貌等景观，它们塑造了千姿百态的地表形态，在内力作用和外力作用共同作用下，使地表形成造型各异的形态，并与其他自然资源组合成丰富多彩的生态旅游资源的自然环境。

D 生物因素

生物是地球表面有生命物体的总称，生物大体可分为植物、动物和微生物三类。其中植物种类100多万种，动物种类50多万种，微生物目前尚难统计。生物是在地球发展历史过程中产生的，随着地质历史的发展，生物由低级到高级、由简单到复杂不断进化着，形成了丰富多彩的生物资源。同时，生物也改造了地球环境，最早的生物经演化渐渐出现绿色藻类，进行光合作用，从大气中吸入大量二氧化碳，放出大量氧气，氧气进入原始大气，改变了其原有的物质组分，原来缺氧的大气圈逐渐演化形成低空含氧气、高空有臭氧层的现代大气圈。由于有了高空臭氧层，臭氧特有的阻挡太阳紫外线的功能使地球表面的生命免遭紫外线的杀伤，于是绿色植物登陆，大地从此才披上绿装。原始水圈也由于水量增加和地表形态的改变逐渐演变为现代水圈。在地壳表层的岩石圈、地壳外围的水圈和大气圈界面，由于生命的出现，形成了生物圈，随着生物及环境的相互作用，出现了动物、微生物，植物、动物、微生物与周围环境共同组成了现代生物圈，构成了生态旅游资源的生物基础。

4.2.1.2 生态旅游资源形成的人文因素

人类顺应自然，遵循自然生态规律，与自然共同营造了不少“天人合一”的生态旅游资源。

A 社会生产因素

人类历史是不断向前发展的过程，不同的历史时期，有与之相适应的生产力发展水平和社会生活方式。我国是一个具有几千年悠久历史的农业古国，在传统的天人合一的东方哲学思想下，营造了人与自然和谐的农业生态系统。

在人类发展过程中还保存下来不少为休闲而建造的园林，无论东、西方，早在奴隶社会时期，奴隶主就在林木繁茂、水草丰盛的自然地域放养各种动物，人工围苑，以便休闲时狩猎游乐，形成最早的园林雏形——“囿”。由于各地文化的差异形成了各具特色的园林，世界各国几乎都有自己的园林，据其风格特色可归纳为中国园林、西方古典园林。这两类园林体系虽有很大风格差异，但都以效法自然为原则，建成的园林具有吸引游客的生态美特征。

随着自然科学，尤其是生命科学的发展及人们科学素质的提高，为了进行科学研究和科普教育，将大自然的某一方面如植物、动物或某种特殊生物及综合的自然知识作为主题，遵循生态学规律，营造出人与自然和谐，具有生态美的科普园地，如植物园、(野生)动物园、博物馆、世界园艺（绿化）博览会等。

B 区域文化因素

区域差异不仅体现在自然景观的分布，人文现象空间分布也有明显的不均一性，各个地区的文化差异也相当明显。它反映了不同地区、不同民族在生产方式、生活习俗、礼仪、节日庆典、民间文艺、娱乐体育、宗教信仰、建筑风格、城镇布局、审美观念等方面的不同，呈现出颇具魅力的地域文化和异域风情，体现着人与自然的和谐生态美，因此各具特色的地域文化成为极具开发价值的人文生态旅游资源。

4.2.1.3 保护因素

大自然的保护除了人作为主体对客体自然的保护外，还有自然的一些险峻特征人难以影响和破坏，从而得以保存下来，这种保护是大自然客体对自己的保护。

A 大自然对自己的保护

地球表面有一些地方，现仍保持着原生状态，如地球南北两极及高海拔的雪山等。究其原因，主要是其自然条件严酷，在以往人类社会生产力及科学技术的发展程度限制下，人类难以涉足或进行大规模生产生活，使其自然生态系统保持自我平衡，得以保护下来。同样的原因，在发展中国家的不少高山或地形破碎、交通不便的山区，仍保留有原始生态系统。这就是为什么发展中国家成为当今生态旅游目的地的热点区域的原因。当然，随着科技及社会生产力的发展，地球表面的这些原始生态系统的范围具有缩小的趋势，这些区域对生态旅游者有着强烈的吸引力。

B 传统文化的保护

人类社会中存在的一些优秀的传统文化保护了大自然。这种传统文化源于古代人民在长期的生产生活实践中，深刻认识到保护自然与人类发展的关系，自发地设立一些不准采集捕猎的区域，并用神权、皇权及乡规民约对这些地方进行保护和管理。如民间的“神山”“龙山”“风水地”，宗教寺院所在地，帝王封禅的名山胜水，虽然这些地方的保护思想不同程度地带有封建迷信、宗教色彩，但客观地看，它确实起到了保护自然的作用，而且蕴含着“天人合一”的合理思想成分，是古人乃至今人与自然对话的好去处。

C 法律的保护

通过法律保护自然是近几个世纪才出现的，是在人类影响甚至破坏自然，出现了人类生存环境危机的状况下，在一些环境意识较高的学者的倡导下才出现的，其主要形式是划定区域，并用法律手段禁止人类的破坏行为，以达到保护目的的自然保护区。世界上最早的自然保护区是美国通过法律手段建立的。随着全球人类环境意识的提高，现已形成世界、国家、地区各种级别的遍布全球的自然保护区网络。自然保护区优美的自然气息对游客具有极强的吸引力，使自然保护区成为开展生态旅游的主要场所，尤其是西方一些国家和我国的不少生态学家，均把自然保护区的旨在保护和提高环境意识的旅游视为真正的生态旅游。在中国，经政府批准的森林公园、风景名胜区及旅游度假区也受法律的保护，可视为广义的自然保护区。

4.2.2 生态旅游资源的分类

为了能够系统地认识、开发利用及有效地保护生态旅游资源，有必要对其进行系统的分类。任何资源的分类，依据不同，其分类系统也不同，生态旅游资源也如此。

4.2.2.1 分类依据

分类依据是服从于上述生态旅游资源分类的系统认识、开发利用及有效保护三大分类目的。其分类原则依据如下。

A 成因依据

生态旅游资源的形成是经几十亿年大自然的造化，人与自然上千年的共同创造和保护才得以展现其风采的。从旅游资源特征的主要因素看，若将生态旅游资源最大的审美特征从“自然美”扩展为“生态美”来考虑，则凡是具有生态美的，无论其成因是自然、人与自然营造还是保护均是其高一级分类的依据。故生态旅游资源据其成因可以分为自然生态旅游资源、人文（或人与自然共同营造）生态旅游资源和保护生态旅游资源。

B 主导因素依据

在自然生态旅游资源的进一步分类中，我们发现决定生态系统的众多影响因素中，其中有一个是起主导作用的。我们以其为依据第一步划分陆地生态旅游资源和水体生态旅游资源，进一步可将陆地生态旅游资源划分为森林、草原、荒漠三类，水体生态旅游资源划分为海滨、湖泊、河流、温泉四类。

C 人类利用原则

在人文生态旅游资源的进一步分类中，决定其特征的是人类当初利用自然的目的，如将自然利用于农业的营造形成的是农业生态旅游资源，利用于游赏的营造形成的是园林生态旅游资源，利用于科研和科普的营造形成的是科普生态旅游资源。

D 保护性依据

在保护生态旅游资源进一步划分中，其保护的原动力成为这一类生态旅游资源分异的主要因素，以其为分类依据，可将其分为自然保护、文化保护、法律保护三类生态旅游资源。

E 旅游价值依据

对生态旅游资源的第二级分类，我们以其旅游价值为依据。陆地生态旅游资源，若据其生态特征，可以系统地分为森林、灌丛、草原、草甸、荒漠、冻原等，这其中最有旅游价值的是森林、草原和荒漠，故陆地生态旅游资源进一步分为上述三类。同理，水体生态旅游资源中，最有旅游价值的是海滨、湖泊、河流、温泉，则其以此进一步分为四类。

4.2.2.2 生态旅游资源分类系统

目前我国学术界对生态旅游资源的分类研究主要是从旅游地理学、环境学和生态学三个学科角度出发的，从时间的先后上可以将其分为以下两个大类。

A 以旅游地理学为学科依据的分类

a 生态旅游资源本体属性的两分、三分法

程道品（2004）将生态旅游资源分为3级，第1级分为两个生态景观系，即陆地生态旅游资源景观系和水域生态旅游资源景观系；第2级分为9个生态景观区；第3级分为39个生态景观型。

赛江涛、张宝军（2004）将生态旅游资源分为自然生态旅游资源和生态文化旅游资源两大主类，其中自然生态旅游资源包含4个亚类，生态文化旅游资源包含3个亚类。

李会琴（2009）认为按照旅游资源的性质分类，可以将生态旅游资源分为自然生态旅游资源和人文生态旅游资源两大类。

b　生态旅游资源成因分类

郭来喜（1997）按生成机理把生态旅游资源分成内生型（或原生型）和外生型生态旅游资源两大类。

c　生态旅游资源主体功能差异分类

马乃喜（1996）按资源主体功能或旅游目的将生态旅游资源划分为观赏型、科学型、探险型、保健型、狩猎型、民俗型等6大类。

袁书琪（2004）从旅游产品开发角度提出将生态旅游资源分为生态观光旅游资源、生态运动旅游资源、生态休闲旅游资源、生态度假旅游资源、生态科考旅游资源、生态文化旅游资源、生态探险旅游资源等7大类。

d　生态旅游活动性质分类

袁书琪（2004）从空间分布角度将生态旅游资源分为山岳生态旅游资源、海滨生态旅游资源、河湖生态旅游资源、湿地生态旅游资源、草原生态旅游资源、荒漠中绿洲生态旅游资源、冰雪生态旅游资源。

e　生态旅游资源地域分布及其环境特点结合归类

王良健（1996）将资源空间分布与地域气候特征相结合，将我国划分为四大基本生态旅游区，即东部名山、江河湖泊、田园风光生态旅游区；西北草原、沙漠戈壁、雪山绿洲生态旅游区；青藏高原高寒景观、江河源头、高原湖泊生态旅游区；西南高山峡谷、岩溶风光、天然动植物园生态旅游区。

B　以环境学、生态学和旅游地理学相结合为学科依据的分类

陈凤翔、何平等（1999）从生态旅游作用于旅游者的表现形式将生态旅游资源分为可视生态旅游资源和可感觉生态旅游资源。

卢云亭、王建军（2001）按照性质与功能、价值因素，认为生态旅游资源包括生物物种多样性资源、生物物种美学资源、生物物种分泌性资源和生态环境资源。

王建军、李朝阳、田明中（2006）运用景观-环境属性分类方法，将生态旅游资源分为两大类，即生态旅游景观资源和生态旅游环境资源；在两个大类下按照生态旅游资源的自然或人文属性分为4个主类，主类下又分16个亚类和115个基本类型。

王力峰、王志文、张翠娟（2006）将景观生态学理论运用到生态旅游资源分类体系中，将生态旅游资源分为3个层次，第1层次分为2个生态景观系，即水域生态旅游资源景观类和陆地生态旅游资源景观类；第2层次分为9个生态景观区；第3层次分为40个生态景观型。

根据上述5个生态旅游资源分类依据，采用自上而下根据差异逐渐分类的方法，具

体采用三级划分，第一级分为 3 个大类，第二级分为 8 类，第三级分为 26 小类，见表4-2。

表 4-2　生态旅游资源分类系统

第一级（大类）	第二级（类）	第三级（小类）
自然生态旅游资源	陆地生态旅游资源	森林生态旅游资源
		草原生态旅游资源
		荒漠生态旅游资源
	水体生态旅游资源	海滨生态旅游资源
		湖泊生态旅游资源
		温泉生态旅游资源
		河流生态旅游资源
人文（人与自然共同营造）生态旅游资源	农业生态旅游资源	田园风光生态旅游资源
		牧场生态旅游资源
		渔区生态旅游资源
		农家生态旅游资源
	园林生态旅游资源	中国园林
		西方园林
	科普生态旅游资源	植物园
		天然野生动物园
		自然博物馆
		世界园艺博览园
保护生态旅游资源	自然保护生态旅游资源	北极生态旅游资源
		南极生态旅游资源
		山岳冰川生态旅游资源
	文化保护生态旅游资源	宗教名山生态旅游资源
		水源林生态旅游资源
	法律保护生态旅游资源	世界遗产
		自然保护区（国家公园）
		森林公园
		风景名胜区

资料来源：杨桂华，等．生态旅游［M］．3 版．北京：高等教育出版社，2017.

4.3　生态旅游资源类型

本节根据“生态旅游资源分类系统”第二级的八大类，分述如下。

4.3.1　陆地生态旅游资源

陆地生态资源是自然形成的，在陆地生态系统中具有较高生态旅游价值的是森林、草原及荒漠，其中尤以森林的生态旅游价值最高，世界及我国自然保护区中，半数以上均为森林生态系统。一望无际的草原也有较高生态旅游价值，尤其是牧业利用草原后更增强其旅游价值；荒漠似乎荒芜沧桑，但其广袤之美，生物为抗争不利生存环境而具备的适应特性中蕴含的生命活力之美，仍有生态旅游价值。

4.3.1.1 森林

从生态学角度来看，森林是一个生态系统，是指以乔木为主体的生物系统与环境系统之间进行能量流动、物质循环和信息传递，并具有一定结构的特定功能总体。从环境保护的角度则看重森林的涵养水源、保持水土、防风固沙、调节气候、净化空气、防止噪声、防止污染、保护和美化环境等多种功能。从旅游角度来看，风景秀丽、气候宜人的森林的旅游价值很高，给人以美的享受、陶冶情操、激发人的想象力和创造力等，是回归大自然的理想场所。从分布上看，森林可分为热带森林、亚热带森林、温带森林和寒带森林，其中尤以热带森林的旅游价值最高。

4.3.1.2 草原

草原是指在半干旱气候条件下，以旱生和半旱生多年生草本植物为主的生态系统。在世界广泛分布，热带草原表现为草被上散生稀疏的乔木，即热带稀树草原；温带草原主要以禾本科植物连绵成片分布，缺乏散生乔木，是最典型的草原，旅游审美价值极高，城市绿化中，多模仿此种草坪；另外还有一种是以湿生草被为主的草甸，草甸据其生境又可分为河流旁的泛滥草甸，次生的大陆草甸及高海拔山地上的高山草甸，其中高山草甸夏秋之季特有的“五花草甸”景观具有极高的旅游价值。我国草原主要分布于温带内蒙古高原、黄土高原及新疆，高山草甸大面积分布于我国西部高海拔地区，这些区域同时为我国牧场所在地，结合牧民浓郁的民族风情，是一个生态休闲度假的好去处。

4.3.1.3 荒漠

荒漠是指在干旱、极端干旱地区降雨量不足 200mm，年蒸发量超过 2000mm 甚至 5000mm（撒哈拉中央）条件下，地表裸露植物生长极为贫乏之地，即所谓“不毛之地”。按其地表组成物质，分岩漠、砾漠、沙漠、泥漠、盐漠等。其中以沙漠分布最广、砾漠（戈壁滩）次之。

荒漠作为生态旅游资源不是以“山清水秀”引发人们感观的愉悦，而是以它一望无际的旷远之美吸引旅游者，更为重要的是在荒漠生态系统中，生命在“逆境”中所表现出来的惊人的适应环境的能力，蕴含着深刻的人生哲理，即丰富的“生态美”内涵。世界上荒漠分布的面积较广，非洲北邻、中亚、西亚、阿拉伯半岛、大洋洲等地都有大面积荒漠分布。我国的荒漠属中亚荒漠的一部分，分布于西北各省、自治区，其中尤以新疆分布面积最广。

4.3.2 水体生态旅游资源

水体生态旅游资源是和陆地生态旅游资源相对应的另一大生态旅游资源，也是自然形成的。在众多的水体生态系统中，海滨、湖泊、温泉及河流具有较高的旅游价值。

4.3.2.1 海滨

海滨是指滨海的狭长地带，主要指平均低潮线与波浪作用所能达到最上界线之间的地带，由四部分组成：

（1）固体态的海滩，据其质地分为砾滩、沙滩和泥滩；

（2）液态的海水；

（3）气态的空气；

（4）绿色后腹地。海滨的旅游价值最为人们认识和利用，其特有的“3S”（Sun、Sea、Sand）资源使不少海滨地成为世界著名的旅游度假胜地，如美国的夏威夷、泰国的帕堤亚。我国近几年也大力开发海滨旅游资源，我国国家级旅游度假区，除少量在内陆地区，绝大部分建在东南沿海的海滨地区。

4.3.2.2 湖泊

陆地积水形成的比较宽广的水域称为湖泊。湖泊以其烟波浩渺的旷远之美及与周围山地森林共同构成的“山清水秀”的景色，再加上湖滨的湖水，潜在的游泳、潜水等水中娱乐功能，使湖泊成为对旅游者具有很大吸引力的旅游目的地。欧洲的日内瓦湖，我国咸水湖中面积最大的青海湖、淡水湖面积最大的鄱阳湖、最深的长白山天池等湖泊所在地都是著名的旅游胜地。太湖及云南滇池则被评为我国国家级旅游度假区。不仅天然形成的湖泊具有极高的旅游价值，人类服务于农业灌溉的水库，即人工湖泊也成为生态旅游开发利用之地。

4.3.2.3 温泉

温泉是指水温超过20℃的泉水，也有人认为只有水温超过当地年平均气温的泉水才能称为温泉。由于温泉是地表水渗透后循环到地表深部，经地温加热，且溶解了大量的矿物质和微量元素，用于沐浴对身体有显著的医用疗效和消除疲劳的功能，故人类很早就将温泉所在地辟为疗养之地，如我国著名的华清池。随着旅游业的发展，温泉旅游资源正越来越受到旅游业的广泛关注和利用。

4.3.2.4 河流

河流是指降水或地下涌出的水，汇集在地面低洼处，在重力作用下，经常地或周期性地沿流水本身塑造的洼地流动的水体。河流从段位上，可分为源头、上游、中游、下游及入海口（外流河）。其中最有旅游价值的是源头、上游及入海口。大河的源头往往位于高海拔的高原地，如我国的长江、黄河的源头均位于青藏高原，不仅源头特有的山清水秀的景致对旅游者有吸引力，而且探索大江大河之源，还具有较高的科考价值。上游河流多呈“V”形态，与两侧近乎直立的山地构成具有险峻之美的峡谷景观，是吸引人们探险、漂流、观光的地方，世界闻名的如美国科罗拉多大峡谷、我国长江三峡。上游河流往往多瀑布，气势宏大的瀑布历来都是旅游之佳品。有的河流的入海口与海潮共同构成了巨大的潮差，显示了自然界的壮丽之美，如我国的钱塘江大潮。

4.3.3 农业生态旅游资源

农业生态旅游资源是指蕴含着人与自然共同创造的具有生态美的景观及天人合一的文化内涵的传统农业，其中农耕的田园风光、牧场、渔业及富有浓郁地方特色的民族风情也具有较高的生态旅游价值。

4.3.3.1 田园风光

田园风光是传统农业顺应大自然，与自然共同营造的具有一定规模和审美价值的种植景观，根据种植作物的不同可以分为乔木、矮树、灌木与草本四类。其中矮树及草本四周景观旅游价值最高。矮树种植景观有温带桃、梨、苹果等果园景观，果园中春之花、秋之果，不仅具有观赏价值，而且其采摘的参与及品尝更具生态旅游价值。草本种植风光更具旅游价值，其一是因为人类主食的小麦和水稻种植广泛，具有一望无际的规模效应；其二是这些种植景观均有明显的季相变化，春季绿油油、秋季黄灿灿，随风起伏，既有绿的气息，更有丰收的喜悦；尤其是山区的水稻梯田、油菜种植基地等，沿等高山拾级而上随地形有规律的弯曲形成的特有韵律，极具审美价值。我国云南元阳哈尼族人所建的梯田堪称人间一绝，有“元阳梯田甲天下”之美誉，云南罗平的油菜种植基地也久负盛名。

4.3.3.2 牧场

在草原地区，大规模地放牧牛、羊等动物所形成的动物与自然环境和谐的牧场景观，对久居闹市的城市人来说堪称“世外桃源”。“风吹草低见牛羊”的景色历来为人们所称颂，“万马奔腾”的气势不仅场面壮观，更有深刻的精神文化价值。牧民特有的游牧生活，有着深刻的顺应自然的人生哲理和地方特色。上述种种均对旅游者回归大自然有着独到的吸引力。我国东北草原牧区、内蒙古牧区及高山草甸牧区均以此作为吸引旅游者的生态旅游资源。

4.3.3.3 渔区

渔区泛指渔业生产的区域。从区域上看，主要是以海上和湖上的捕捞区范围为主。位于东海的舟山群岛附近海域，盛产大、小黄鱼，墨鱼和带鱼，是我国著名的渔场之一。从类型上看，渔业也随着社会经济的发展由单纯的捕捞发展为放养。近几年发展了不少鱼塘，与人们喜爱的钓鱼休闲活动结合起来，如今的钓鱼已不满足自然水域的耐心等待，鱼塘集观鱼、钓鱼、品尝鲜味鱼融为一体的渔业生态旅游备受旅游者喜爱。

4.3.3.4 农家

远离城市，以农业为主要生产方式的传统农村居家生活对日趋现代化、远离大自然的城市人有着特殊的吸引力。其原因有三个方面：第一，传统农家生活以大自然为背景，是一种人与自然和谐的生活；第二，传统农家位于偏僻之地，交通不便使其形成与当地环境和谐的地方性特色，其民族风情保留较为浓郁；第三，传统农家具有的“好客”传统给竞争激烈、人情淡漠的城市人带来了一种久违的亲切感。正因为如此，在农业生态旅游中，“农家乐”旅游悄然兴起，人类发展之初的生活体验、回归自然的感觉在此找到了归宿。

4.3.4 园林生态旅游资源

园林景观与当地的文化结合形成各具特色的园林生态旅游资源，东西方文化的巨大差异形成了特色各异的东西方园林，其中中国园林最具东方特色，意大利及法国的园林最具西方特色。

4.3.4.1 我国园林

我国人以绘画原则建造园林，目的是满足人们亲近自然的愿望与需求。我国传统造园艺术的最高境界是“虽由人作，宛自天开”，这一我国传统文化中“天人合一”的思想在园林中的体现渗透到山水构架、花木配置、小品建筑、园路设计等各个方面。我国园林这一独特的风格在世界园林建筑史上有着举足轻重的地位，是不可多得的生态旅游资源景观。

我国园林据其地方差异可分为北方园林、江南园林和岭南园林；据园林的所有权又分皇家园林（如承德避暑山庄）和私家园林（如苏州拙政园）。在众多传统园林中，颐和园、承德避暑山庄、苏州留园和拙政园誉称为我国四大名园。

4.3.4.2 西方园林

西方人以建筑原则建造园林，追求的是一种在自然的基础上人为创造的艺术氛围，筑有宽阔的道路，宏大的台地，艺术的雕塑、河流、瀑布、喷泉，绿色的草坪，丛林、绿色篱，是一个活的艺术博物馆。西方园林的“造”不仅体现在诸如雕塑艺术上，而且在植物上也与我国园林“师法自然”不同，而进行了大规模的修建、造型“绿色雕塑”。当然西方园林也存在各自特色的差异，如意大利的传统园林是“台地建筑式”，法国的传统园林是“平面图案式”。巴黎凡尔赛宫是举世公认的欧洲古典园林杰作，充分体现了王权的至高无上和简洁豪放的园林风格。

4.3.5 科普生态旅游资源

旨在科学研究、科普教育及休闲旅游的植物园、野生动物园、世界园艺博览园及自然博物馆，既是提高旅游者自然科学知识、增长环境意识的大课堂，也是人们获得高层次理性愉悦的场所，是生态旅游活动难得的地方。

4.3.5.1 植物园

植物园是种植植物的园地。种植的植物主要为研究和普及植物科学知识。植物园的科研及科普双重功能决定了其在科普活动中的重要价值。英国几百年前（1759）建立的英国皇家植物园（邱园）是世界上最有名的植物园，经长期的驯化、栽培，现已种植5万多种植物，收藏600万份植物标本，并建有四座博物馆和植物书籍极为丰富的图书馆，是世界一流的植物宝库和植物研究中心，而且其宜人的美景吸引了世界各地的人前去参观旅游。美国的阿诺尔德树木园、加拿大蒙特利尔植物园都是世界闻名的植物园。我国的中山植物园、庐山植物园、北京植物园、华南植物园、西双版纳热带植物园等，均是对旅游者有强烈吸引力的园地。

4.3.5.2 野生动物园

野生动物园是将几十种乃至上百种的野生动物集养于一园。根据野生动物活动受限的差异又可分为两类：一类是动物活动空间受限的“动物园”，如北京动物园；另一类是动物散居于园中的“天然野生动物园”。后者对生态旅游者吸引力较大。如非洲坦桑尼亚的塞伦盖蒂国家公园是坦桑尼亚野生动物最集中的地方，园内野生兽类总数300多万头。有的天然野生动物园是专门性的，如南非和博茨瓦纳的卡拉哈里羚羊国家公园，园中多南非大羚羊、南非小羚羊和角马等。有的动物园是夜间开放的，如新加坡夜间野生动物园。近年来，我国的野生动物园建设正方兴未艾，数量逐年增长。

4.3.5.3 世界园艺博览园

世界园艺博览园是世界园艺博览会集各国园林精品、奇花异草大联展留下的永久性园地。自1851年在英国伦敦首次举办世界园艺博览会以来，截至2021年世界上共举办过30多次世界园艺博览会，在许多国家的举办城市都留下了世界园艺博览园。2019年中国北京世界园艺博览会，园区设在北京市延庆区，以“绿色生活美丽家园”为主题，办会理念是

“让园艺融入自然让自然感动心灵”。可以说世界园艺博览会留下了沉甸甸的生态遗产，会后也成了生态旅游景区。

4.3.5.4　自然博物馆

自然博物馆是“立体”的大自然百科全书，主要展览自然界和人类认识自然、利用自然和保护自然的知识，按其展览内容性质进一步区分为一般性自然博物馆和专业性自然博物馆。如美国自然历史博物馆、我国北京自然博物馆是一般性的自然博物馆；英国格林尼治天文博物馆，我国北京地质博物馆、四川自贡恐龙博物馆是专门性自然博物馆。不少科学家甚至认为动物园、植物园、国家公园或自然保护区也是一种自然博物馆。

4.3.6　自然保护生态旅游资源

在自身极端的环境条件下人类难以涉足，或即使涉足，影响也在其承受范围内的北极、南极及高海拔山岳冰川区域，原生生态系统得以较为完善地保留下来，这些区域随着人类科技、经济及旅游发展，已成为一种重要的潜在生态旅游资源。

4.3.6.1　北极地区

北极地区指以北极点为中心，北极圈以内的广大区域，其主体是世界四大洋中面积最小的北冰洋。北冰洋是一个非常寒冷的海洋，洋面常年不化的冰层占其总面积的2/3，厚度多在2~4m，冰层相当坚硬，可行驶车辆和降落重型飞机；北极圈上有半年是极昼，半年极夜，极夜的严冬气温极低，最冷月平均气温达-40℃，而且越靠近北极点气候越寒冷，冰层也越厚，极点附近冰层厚达30m。北极圈的北冰洋上有许多岛屿，主要岛屿有格陵兰岛、斯皮茨皮尔根岛、维多利亚岛等。由于严寒，其生物种类极少，植物以地衣、苔藓为主，动物主要有北极熊、海象、海豹、鹿、鲸等，但数量不多。生活在那里的人主要为因纽特人，严酷的严寒环境条件下，因纽特人的食、宿及日常生产生活都极具特色，对生活于温暖地区的人具有巨大的吸引力。

4.3.6.2　南极地区

南极地区指位于南极圈范围内的南极洲，南极洲是世界七大洲中最寒冷的冰雪大陆，包括南极大陆及附近的大小岛屿。19世纪20年代以前还不为人所知，1911年12月14日，挪威探险家阿蒙森率领南极探险队第一次到达南极点，南极才逐渐为人们所认识。南极洲四周被太平洋、大西洋和印度洋所包围，平均海拔2350m，其中冰层厚2000m左右，是世界上最厚的冰库。南极洲气温很低，年平均气温-15℃以下，即使在夏季，气温仍在0℃以下，比北极更为寒冷，有“世界寒极”之称。南极不仅酷寒，而且风暴也是世界上最频繁、最大的地方，有的地方一年有340天的暴风雪，其风速比台风大3~4倍。在如此严酷的气候条件下，几乎见不到绿色植物，只是偶尔在背风的石头下有少量地衣和苔藓，南极的动物种类也稀少，但数量可观，如企鹅。此外还有鲸、海豹、海狮、海象等动物。南极地区是目前地球上唯一没有常住居民的大洲，只有一些科学考察站。我国1985年也在此建立了科学考察站，现不少国家成批地组织科学家去进行科学考察。这一未开垦的处女地，对生态旅游者有较大的吸引力。

4.3.6.3　山岳冰川

南北极均存在巨厚的冰层，是大陆冰川。在地球表面高海拔山地区域，由于气候寒冷，当降雪积累的量超过消融量，积雪逐年增厚，经一系列物理过程，冰在重力的作用再向下滑动形成山岳冰川。山岳冰川的寒冻风化和侵蚀作用，使所在地的山峰棱角分明，山脊呈“刃”状，山谷呈“斗”状，白雪和冰川覆盖下具有极高的观赏价值。山岳冰川地区气候酷寒、多变，气势宏大的冰峭随时可见。在此，大自然的洁美与严酷融为一体，使生活在山岳冰川附近的居民常把它奉为神，畏惧和敬慕之情使他们拜倒在大自然的山岳冰川之下，如青藏高原喜马拉雅山上的珠穆朗玛峰是世界最高的山岳冰川，被当地人奉为“朗玛”女神峰。位于尼泊尔东侧的喜马拉雅山已经开发了以直升机为交通工具的生态旅游。

4.3.7 文化保护生态旅游资源

我国是一个多山的国家，对山有着特别的精神寄托。中华五岳、宗教名山、龙山这些优秀传统文化保护了其自然风貌、人文景观与自然景观融为一体的山地，同样也是生态旅游资源，而且是我国特色的生态旅游资源。

4.3.7.1 中华五岳

中华五岳是受我国古代皇权保护的五大名山的总称。“五岳”与我国传统文化密切相连，当时的中国，不仅社会有等级，自然也有等级，具有高大险峻自然特征的山体（即岳），具有“山之尊者”的地位。确定其地位的是至高无上的帝王，帝王按阴阳五行学说将全国分为东、南、西、北、中五大区。每区选出一座“领头的山”，并在此山上祭天（即“封”），此山脚祭地（即“禅”）。最早的封禅可追溯到秦始皇登泰山之行，到汉朝则基本确定五岳，即东岳泰山（山东）、西岳华山（陕西）、中岳嵩山（河南）、南岳天柱山（安徽）、北岳大茂山（河北）。以后南岳和北岳的位置有所改变，隋代改南岳为湖南衡山，明代改北岳为山西恒山。中华五岳融自然与文化于一体，五岳独尊、以“雄”著称的泰山被联合国教科文组织世界遗产委员会专家卢卡斯称为“自然、文化遗产融为一体的典范”。西岳以“险”见长，南岳衡山“独秀”，中岳嵩山“胜迹如云”，北岳恒山海拔最高。我国历代宗教及名人为五岳所吸引，留下了丰富的宗教建筑和名人墨客的遗迹。

4.3.7.2 宗教名山

我国有“山不在高，有仙则名”之词，我国名山多因宗教而得，具有代表意义的是“四大道教名山”和“四大佛教名山”。道教是我国的本土宗教，由张道陵于东汉顺帝时首创于四川鹤鸣山，该山与江西龙虎山、湖北武当山，安徽齐云山，合称道教名山（另一说法，鹤鸣山应为四川青城山）。佛教于东汉明帝永平十年由印度传入中国，经历佛经翻译研究逐渐发达。据说佛教中的文殊、普贤、观音、地藏四大菩萨与中国人香火缘深，在中国选定五台山、峨眉山、普陀山及九华山为他们“说法”的道场，故这四座山成了中国的四大佛教名山。

4.3.7.3 “龙山”

民间将涵养水土的山林视为“龙脉”加以保护，形成“龙山”或“神山”。由民间传统文化保护的“龙山”在全国各地都能寻到。过去不注意它的价值，随着环境意识的增强，人们不仅越来越重视它，而且还充分研究和利用其价值。作为水源林的“龙山”，具有优良的生态系统和较高的生态旅游价值，但在当今人类聚居区生存环境不佳的状况下，我们不主张开发这些区域，或者说，即使开发利用也要绝对保护其生态平衡。

4.3.8 法律保护的生态旅游资源

在保护生态旅游资源中，最具旅游价值的是法律保护的生态旅游资源，例如世界遗产、世界生物圈保护区、自然保护区及国家公园等。这些资源有的早已成为旅游的主要对象，有的正在开发之中。

4.3.8.1 世界遗产

世界遗产包括自然遗产、文化遗产、自然和文化双重遗产、文化景观遗产和非物质文化遗产。联合国教科文组织在世界自然及文化遗产越来越受到自然风化和人为破坏威胁的状况下，于1972年成立世界遗产委员会，并制定了《保护世界文化和自然遗产公约》(以下简称《公约》)。《公约》规定了遗产申报批准的程序和具体的保护措施。自此，凡申报经联合国教科文组织世界遗产委员会批准认可的，均受到国际法律的保护，成为名正言顺的世界遗产保护地。

4.3.8.2 世界生物圈保护区

世界生物圈保护区是1968年由联合国教科文组织支持的国际合作项目《人与生物圈》召开的生物圈大会发起的保护活动，旨在保护生物种群基因变化、生态系统及相关的地质地貌景观。明确划分出核心区、缓冲区和过渡区，保护要求措施因区而异。此外，各国还建有国家级和区域的生物圈保护区，以保护生物多样性为主。

4.3.8.3 自然保护区

自然保护区是在全球人类生存环境因人类活动而出现生存环境危机的状况下，由科学家倡议，通过法律手段，杜绝人为破坏而达到保护的规定区域。全球最早的自然保护区是美国1872年所建的黄石国家公园。100多年以来，保护区已在全球范围内建成网络，并有世界、国家及地方多级别。保护区的功能是具有保护、科研、教学、旅游、生产等多个方面。随着旅游业的兴起，优良的自然保护区生态景观的美学价值为人们所认识，自然保护区成了旅游开发之“源”。现在我国的不少旅游地都源于自然保护区，然而自然保护区并不是整个都可作为生态旅游对象的，核心区是保护区最重要的地段，应严格保护，一般不允许旅游开发，外围的缓冲区和实验区可作为保护前提下的旅游开发利用区。

4.3.8.4 国家公园

根据世界自然保护联盟的定义，国家公园是指为现代人和后代提供一个或更多完整的生态系统；排除任何形式的有损于保护地管理目的的开发或占用；提高精神、科学、教育、娱乐及参观的基地，用于生态系统保护及娱乐活动的保护地。它是世界保护地委员会提出的全球六类保护地（严格的自然/野生地保护区、国家公园、自然纪念保护区、栖息地/物种类管理区、陆地和海洋景观保护区、受到管理的资源保护区）中面积最大的一类。2013年11月，《中共中央关于全面深化改革若干重大问题的决定》提出建立国家公园体制，标志着我国从国家层面正式启动国家公园建设，目的是进一步完善保护地体系，使分类更科学、保护更有力，实现自然生态系统和文化自然遗产资源国家所有、全民共享、世代传承。

4.4　生态旅游资源的保护性开发

生态旅游资源开发与过去传统的旅游资源开发比较，关键的差异在“保护”两个字上。传统的旅游资源开发，其开发和保护是分离的，而生态旅游资源的开发，开发和保护是融为一体的，且保护是开发的根本前提，即“保护性开发”。

4.4.1　生态旅游资源保护性开发的新思路

生态旅游资源的保护性开发是美国学者 Fenell 和 Eagles（1990）提出的概念，认为生态旅游的核心是生态旅游资源的保护。经过近 20 年的发展，生态旅游资源的保护性开发已注入了新的内涵和新的思路，总结起来有：新目标、新观点、新模式、新认识和新原则。

4.4.1.1　新目标——旅游业的可持续发展

旅游资源是旅游业发展的基础，生态旅游资源保护性开发的目标是旅游业可持续发展。传统的旅游资源开发虽也讲“经济、社会、生态”三大效益的协调发展，但在实际操作上，我们可以看到，旅游业重蹈工业发展对环境的“先污染后治理”的错误覆辙，致使旅游资源的进一步利用出现问题。

生态旅游资源开发的目标定位在旅游业的可持续发展。其内涵有三个要点：第一是限制性条件，即开发的限制性前提是保护生态旅游资源及其环境。开发应该是在强度上的控制性开发、在方式上的选择性开发。第二是最大效益，即生态旅游资源开发的近期目标是获得最大的效益，主要是三大效益协调发展而呈现的综合效益最大。第三是可持续效益，即生态旅游资源开发的远期目标是获得可持续的最大效益，这一可持续效益也不是为了保护而降低整体效益，追求的既是可持续，又是整体最佳效益。

4.4.1.2　新观点——系统的观点、保护的观点

生态旅游资源保护性开发应持系统的观点，从系统的角度明晰保护的对象及关键。

A　系统的观点

生态旅游资源开发应将开发对象视为一个系统，这一系统是由生态、社会和经济复合而成的系统，如图 4-1 所示。

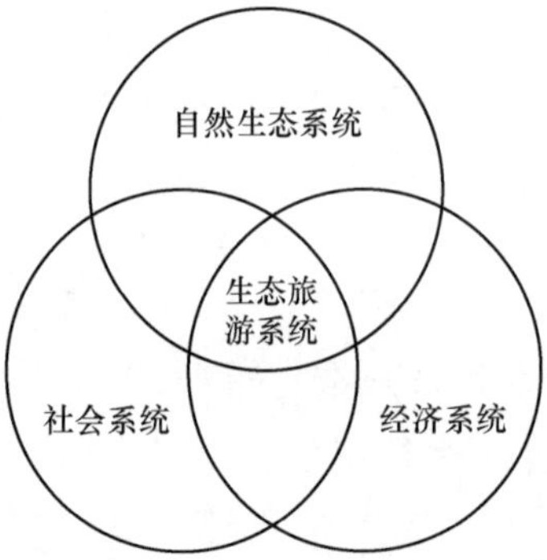

图 4-1　生态旅游保护性开发复合系统

生态旅游资源保护性开发是一个复杂系统，三大系统为基础层次系统，生态旅游系统则是高层次系统。生态旅游系统对三大基础系统有依赖关系，且与三个基础系统之间是相互紧密联系的关系，因为只有在协调的三大系统基础之上，生态旅游才有可能获得最大的综合效益。同时，生态旅游资源开发必须全面考虑三大基础系统中各个要素，如保护，不仅保护生态环境，还应保护社会环境及经济利益。

B 保护的观点

生态旅游资源开发的保护有着丰富的内涵，至少应该包括保护对象体系和保护动力两方面。

(1) 保护对象体系。一个区域的生态旅游资源开发后要能实现旅游业可持续发展，保护的对象不仅仅是资源环境，还应包括社会文化及相应的经济利益。三大方面每个方面的保护都对旅游业可持续发展有特殊的功能，资源环境及社会文化是旅游业可持续发展的资源基础，其中资源环境是资源的物质载体，社会文化是资源的精神内涵，而经济利益则是保护的动力。

(2) 保护动力。一个人的自觉行为总是由其内在的动力驱动，保护行为也如此，保护动力往往与保护者的切身利益紧密联系，也就是说，保护者的切身利益是其自觉保护行为的动机。欲使所有受益于旅游的人都能自觉保护生态旅游资源，就应该让他们明白保护能够给予他们所需的利益。

4.4.1.3 新模式——“护源”开发导向模式和“三Z”开发投入模式

A 生态旅游“护源”开发导向模式

传统旅游开发均以“资源”“客源”或“资源—客源”为其开发导向来发展当地的旅游业，但其成功的后面潜藏着一个危机，即进一步发展的后劲问题，也就是旅游业的可持续发展问题。究其原因主要是一个保护问题，即作为旅游发展优势的主导因素，出现破坏问题后将导致旅游业走下坡路。为此，保护旅游业发展的主导因素，无论是资源还是客源的“护源”开发导向就成了生态旅游开发的一种新模式。欲保住客源，首先旅游资源要成为精品，对旅游者的吸引力长盛不衰，旅游者无法被分流；其次要不断地“输血”，即新增内容，使旅游地“永葆青春”。

B 生态旅游的“三Z”开发投入模式

我们清楚地认识到，欲使旅游业可持续发展，其开发的投入不应该只考虑单一的资金投入，资源及知识的投入也应一并考虑，形成生态旅游特有的资源—知识—资金“三Z”开发投入模式。这一模式可从下述几个方面来理解：第一，承认资源有价，让资源在旅游业经济效益中占一定股份，使人们在认识上珍惜和保护资源及环境，实践上回投资金用于维持和保护资源及环境；第二，在知识经济时代，应该充分认识知识对于旅游开发的价值，知识是有“价”的，例如旅游资源的特色挖掘、主题创意和宣传促销；第三，才是资金投入。在三大投入中，认为缺一不可，资源和知识投入是发展旅游业的前提因素，资金投入是保证因素。

4.4.1.4 新认识——循环开发过程

A 传统旅游资源开发过程认识误区

传统旅游资源开发利用不能有效地保证旅游资源及环境的保护，重要的原因之一是对开发过程的认识存在误区，具体表现在：

（1）开发与管理分离，保护难以落到实处；

（2）开发与管理的过程是直线型。

B 生态旅游循环开发过程

为解决旅游业中的保护资源及环境问题：第一要把旅游开发过程广义化，即旅游开发包括旅游规划、建设、经营管理和环境监测全过程；第二，旅游开发过程中的四个环节间的关系模式应该是环状的，如图 4-2 所示。

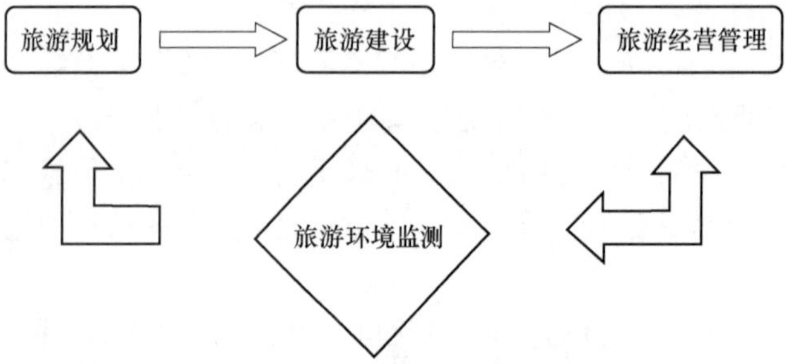

图 4-2 生态旅游资源保护性开发过程

从图 4-2 可见，生态旅游开发由规划、建设、经营管理、环境监测四个环节组成，并位于同一系统中。与传统旅游开发相比：一是把开发、管理视为一个系统；二是多出了“监测”环节，而这一环节，正是沟通规划、建设与管理的链，有了监测这个链，不断地向前三个环节反馈信息。旅游区建成运行一段时间后，据监测反映出来的问题，再度优化设计规划使旅游区更为完善，同时也定时地为旅游区注入生命的新内涵，增加对游客的吸引力，使旅游区的生命周期延长，这本身就是对旅游资源及环境避免浪费的保护；再者，通过监测反馈的信息，充分认识旅游规划设计、建设和管理中存在的旅游资源及环境的保护问题，再有的放矢地落实在进一步的优化规划设计和管理中，把环保建立在监测提供的科学依据上。

4.4.1.5 新原则——生态旅游资源保护性开发十大原则

为实现生态旅游资源开发的旅游可持续发展目标，保护是基础。传统旅游开发的原则往往以效益、特色、市场、保护等为原则。表面上看，似乎保护作为一种开发则早已列入，但仔细分析和观察现在旅游业发展中出现的种种保护问题不难看出，保护仍然存在重视不够和落不到实处的问题，为此，在认可旅游开发的效益、特色、市场等原则基础上把“保护”作为生态旅游资源开发的首要原则，并从影响保护的各主要因素入手，总结出了生态旅游资源保护性开发的十大原则：

（1）承载力控制原则；

（2）原汁原味原则；

（3）社区居民参与原则；

（4）环境教育原则；

（5）依法开发的原则；

（6）资源和知识有价原则；

(7) 清洁生产、节约资源原则;

(8) 资金回投原则;

(9) 技术培训的原则;

(10) 保护旅游者的原则。

4.4.2 生态旅游资源保护性开发规划步骤

生态旅游资源的保护性开发，必须有周密的规划，以保证资源开发过程中“保护”这一主题能真正落到实处。生态旅游资源保护性开发规划分下述11个步骤。

(1) 旅游市场分析。根据要开发的旅游资源类型及旅游者的需求分析调查，对旅游市场进行分析，作为开发目标确定的依据。

(2) 确定开发目标和保护对象。对生态旅游资源地的开发，首先应确定开发目标，即开发什么的问题。在确定这一目标时还有一限制因素，即保护。

(3) 自然生态环境的调查评价。对旅游开发区，确定开发目标后，应调查其自然生态环境的本底情况，包括其自然概况、珍稀濒危保护动植物生活习性等，以确定需要特殊保护的区域，为旅游开发保护奠定科学基础。同时，调查结果也是增加生态旅游科学内涵，为开展科考或科普旅游奠定基础。

(4) 确定旅游承载量。根据旅游开发目标和旅游资源环境的特征，旅游者对旅游资源利用类型的特点确定生态旅游资源及环境的旅游承载量，以确定旅游开发规模。

(5) 旅游设施的设计。为满足生态旅游者食、住、行、游、购、娱及保护环境的需求，旅游开发地应设计下述三类设施：一是基础设施，如交通、通信和水电等；二是旅游接待设施，如食宿点、游览点、购物商场等；三是保护环境设施，如博物馆、垃圾收集和处理站等。

(6) 社区参与设计。在开发项目中，考虑社区的利益，尽量设计让社区居民参与进入的方案，进而进行分层次的旅游接待管理人员的培训，使社区居民真正从旅游中获得利益。

(7) 形成规划方案。根据上述种种设计，形成总体的开发规划草案，再经过进一步的筛选、修改形成最后方案。方案中不仅有空间上各类设施的布局，从时间纵向上还有分阶段开发的具体安排。

(8) 环境影响评价。分析旅游开发规划将会给开发地环境带来的正负影响，为规划方案的优化提供生态学依据，这一点在传统旅游中是没有的。

(9) 执行规划。根据优化后的规划进入建设实施阶段，包括硬件设施的建设和软件(人才队伍)的培训。

(10) 环境监测。在旅游区建成并运行期间，进行定位或半定位的环境监测，包括自然生态环境、社会及经济环境在旅游区建成出现的正负影响。

(11) 优化规划设计。从监测反馈的信息，为旅游区的规划设计提供优化依据，同时也为保护提供科学依据，使旅游区日趋完善。

5 生态旅游业

5.1 生态旅游业内涵

5.1.1 生态旅游业发展概况

近年来，由于人们生活水平提高，社会、经济和科技等方面的发展，生态旅游快速发展起来。它以回归大自然为基调，以保护自然资源、自然环境、促进区域社会和谐发展为目的，提倡人们在保护环境的过程中感受大自然的美丽。近 20 年来，生态旅游发展相当迅速，已成为当代世界旅游业发展中最为理想、最有前途、最具发展前景的旅游形式，在世界各国国民经济发展中具有举足轻重的地位和作用。生态旅游正在成为 21 世纪的旅游主题。

旅游业是综合性产业，是拉动经济发展的重要动力，传统旅游业在结构转型和消费升级上正迈入新阶段。我国位于亚欧大陆东部，太平洋西岸，地理位置独特，地形地貌复杂，气候类型多样，生物多样性丰富，已建成各类国家级自然保护地 3000 余处，生态旅游资源富集，生态旅游业发展基础较好。

生态旅游业在经济发展中正扮演着更加重要的角色。2021 年是我国“十四五”的开局之年，也是全国奔向 2035 年远景目标的起步之年。我国全面建成小康社会、实现第一个百年奋斗目标之后，如何乘势而上，开启全面建设社会主义现代化国家新征程、向第二个百年奋斗目标进军。《中共中央关于制定国民经济和社会发展第十四个五年规划和 2035 年远景目标的建议》（以下简称“十四五”规划建议）做出了既高屋建瓴又敦本务实的部署。“十四五”规划建议要求，坚定不移贯彻创新、协调、绿色、开放、共享的新发展理念，把新发展理念贯穿发展全过程和各领域，构建新发展格局，切实转变发展方式，推动质量变革、效率变革、动力变革，实现更高质量、更有效率、更加公平、更可持续、更为安全的发展。

新发展理念中的“绿色发展”，是十八大以来重要的观念突破和理论创新之一。党的十八大将生态文明建设纳入“五位一体”中国特色社会主义总体布局，要求“把生态文明建设放在突出地位，融入经济建设、政治建设、文化建设、社会建设各方面和全过程”，努力走向社会主义生态文明新时代。

我国生态旅游在生态文明理念的引领下发展形势喜人。国家林草局最新统计显示，截至 2021 年上半年，全国生态旅游游客量达 11.21 亿人次，较 2020 年上半年的 7.08 亿人次，增加了 4.13 亿人次，同比增加 58.33%。长假、小长假对生态旅游的拉动作用显著。2021 年元旦、春节、劳动节（合计 15 天）的游客量占了上半年游客量的 29.35%，日均游客量达到 2193 万人次，是上半年其他时段日均游客量（477 万人次）的 4.6 倍，其中最大单日游客量达到4843.24万人次。旅游业在疫情后复苏，家庭出游意愿增强，生态旅游表现出强大的生命力，成为农民脱贫致富新渠道、地方经济转型新抓手。

生态旅游是世界旅游活动中非常重要的组成部分。从旅游发展的角度看是增长最快的部分，年增长率25%~30%，生态旅游俨然已成为世界性旅游的潮流。

5.1.2 生态旅游业的定义

国内外有关生态旅游业的研究主要集中在生态旅游概念界定、当地居民生计的可持续性、生态资源环境保护影响、传播社会文化和教育功能、生态旅游的社区经济模式及生态旅游推动区域经济协调发展等方面。

生态文明建设背景下，生态旅游研究与实践日益受到学术界的重视。国家多次发文强调大力发展生态旅游业的重要意义。加强生态旅游开发，积极打造多元化的生态旅游产品，可以为当地居民提供替代性收入来源、传播传统生态知识，并提高公众的生态保护意识；推进生态与旅游、教育、文化、康养等产业深度融合，能够有效降低自然资源使用强度，促进生态系统恢复。因此，如何在生态环境承载范围内，最大限度地发展旅游产业带动社会经济效益提升，实现旅游产业与生态环境的良性互动与协调发展具有重要现实意义。

国外对生态旅游业产生的经济影响和环境影响研究成果颇丰，在评估旅游业产生的经济影响时，着重从金融、就业和发展三方面进行成本—收益分析。认为旅游在赚取外汇、增长GNP、增加税收、提高个人收入、增加就业机会、加强经济基础、加强跨部门联系、产生乘数效应、改善基础设施、提高社会化服务、推动不发达地区发展的同时，也产生诸如利润漏损、通胀、地价抬高、季节性失业、与其他行业产生冲突、增加经济对外部的依赖性等不良影响。在研究生态旅游业产生的环境影响时，认为生态旅游是地区最优的资源利用途径，可以将经济建设中的环境负面影响降低到最小。

国内学者田里、李常林教授认为生态旅游业是指直接满足生态旅游者的生态旅游需求，并帮助其完成生态旅游体验的企业的集合。杨桂华教授认为生态旅游业是以生态旅游资源为凭借，以旅游设施为基础，为生态旅游者的生态旅游活动创造便利条件并提供其所需商品和服务的综合性产业。从此定义不难看出，生态旅游资源、旅游设施和旅游服务是生态旅游经营管理的三大要素。生态旅游资源的开发利用为满足生态旅游者的需求提供了可能，是生态旅游业生存和发展的凭借和依据，而旅游服务体系是旅游经营者借助旅游设施和一定手段向生态旅游者提供便利的活劳动，为利用和发挥生态旅游资源的效用创造了必要条件，并通过一定的旅游经济实体和生态旅游政策的实施，为生态旅游活动提供服务而实现其旅游、保护、扶贫及环境教育四大功能。

国外学者大卫·韦弗认为生态旅游业是指那些直接与生态旅游者相互作用的机构，即从计划阶段到结束阶段帮助生态旅游者进行生态旅游体验的产业。

传统旅游业是文化性的经济产业，生态旅游业在传统旅游业的基础上强调了生态性，是兼有经济性、文化性和生态性的产业。

（1）生态旅游业的经济性。生态旅游业是一项高度分散的行业，它由各种大小不同、地点不同、组织类型不同、服务范围不同的企业组成，这些企业是以盈利为目的，并进行独立核算的经济组织。发展生态旅游业不仅能够增加外汇收入、回笼货币，而且能促进轻工业、手工业、交通运输业等有关部门和行业的发展，对繁荣地方经济，促进地区经济的发展具有重要意义。生态旅游业从根本上说是一项具有经济性质的服务行业，经济性是生态旅游业的根本性质，主要体现在生态旅游产品的生产交换、生态旅游者的流动和生态旅游业自身的赢利性质上。

（2）生态旅游业的文化性。生态旅游业是一项自然、人类的旅游体验活动和市场经济活动相互作用的系统。从生态旅游者的角度来看，在整个生态旅游过程中，他们在物质享受的同时得到精神享受，在精神追求中得到物质享受，精神活动和物质活动相互依存，互为条件。因此，生态旅游者所进行的一切活动实际上都是社会文化活动，生态旅游者在生态旅游过程中可以陶冶情操，丰富文化知识，增长见识。文化性是生态旅游业的基本性质。

（3）生态旅游业的生态性。生态旅游业能够激发生态旅游者的精神愉悦、征服欲、求知欲，生态旅游作为一种以协调旅游开发和环境保护之间的关系为核心内容的新型旅游方式和经营理念，其产业具有生态的性质。生态学的思想是产业运作和发展的指导思想，相关行业部门的管理与运行都要求生态化，如生态旅游区要实行功能分区管理和旅游容量限制原则；旅行社的导游要有专业知识、环保责任感；吃绿色食品，住宿设施的建设符合生态保护的原则等。生态性是生态旅游的关键性质。

5.1.3 生态旅游业的特征

有些学者认为生态旅游业是整个旅游行业的一个分支，因此生态旅游业具有旅游业的依赖性、敏感性、带动性和涉外性等一般特征。目前很多旅游区遭到了不同程度的污染和破坏，一些环保主义者把旅游开发与生态环境破坏等同起来，因此影响了旅游业的发展。生态旅游业是在传统旅游业地发展受到质疑和挑战时应运而生的，其实质就是旅游产业的生态化，即指导思想的生态化、旅游消费的生态化、旅游规划与开发地生态化、旅游管理和服务的生态化。生态旅游业并不是旅游业的一个部门或一个分支，而是旅游业的一个崭新发展阶段。生态旅游业既具有传统旅游业所具有的一些产业特点，又具有与传统旅游业截然不同的新的特点。

5.1.3.1 生态旅游业是“五位一体”的综合性产业

生态旅游业是集生态、经济、政治、文化、社会为一体的综合性的产业，这是由其生产、产品及效益的综合性决定的。生态旅游业的生产是综合的，需多个相关部门或相关因素协调配合、共同努力，既涉及旅游部门的旅行社、住宿业和交通客运业，又涉及国民经济中的一些物质资料生产部门，如轻工业、建筑业、农业、林业、畜牧业等，和一些非物质资料生产部门，如文化、宗教、园林、卫生、科技、邮电、教育、商业、金融、海关、公安、环保、保险等部门或环节。生态旅游业提供的生态旅游产品也是综合的。所凭借的资源既有人文的，又有自然的；既有历史遗留的，又有今人创造的；所需要的设施条件，既包括旅行社设施，又包括以饭店为代表的餐饮住宿设施和交通客运设施；所提供的服务不是某一单项服务，更不是某一具体物品，而是由食、住、行、游、购、娱等多种服务项目构成的综合体。其产生的效益也是综合的，追求的是经济、社会、生态及游憩等四大效益的综合。

5.1.3.2　生态旅游业是动态性的产业

生态旅游业的动态性表现在空间与时间的动态变化。空间的动态变化主要是指生态旅游者的生态旅游活动与旅游目的地生态环境之间的互动过程，即相互影响、相互关联、相互制约的动态关系，认识这种动态关系有利于更清楚地认识到生态旅游活动可能对环境造成的负面作用，以便及时调控；时间的动态变化是指生态旅游业的季节性，这是由生态旅游活动的季节性所决定的，而生态旅游活动的季节性主要是由旅游目的地的自然条件所造成的。旅游目的地的纬度、地势、气候、海拔等自然条件会引起生态旅游资源的观赏利用价值随季节变化，形成生态旅游产业的旺季、淡季和平季，如滑雪运动一般在冬季才能进行。生态旅游者的增减，造成旺季旅游设施和服务人员不足而淡季却闲置。只有设法缩小淡旺季的差别，充分利用生态旅游资源和设施，才能有效地提高生态旅游业的效益。

5.1.3.3　生态旅游业是可持续发展的产业

旅游可持续发展，目标是在为旅游者提供高质量的旅游环境的同时，改善当地居民的生活水平，并在发展过程中保持和增强环境、社会和经济的未来发展机会。由于生态旅游方式首先把生态环境的承受能力放在第一位考虑，重视旅游环境容量及其维持措施，强调生态旅游者、社区居民及从业人员对保护生态环境的奉献，注重旅游发展与社区经济发展、环境保护紧密结合，这是达到旅游持续发展目标的有效手段和途径，是一种与可持续发展原则相协调的旅游形式。

5.1.3.4　生态旅游业是受资源限制性较强的产业

生态旅游业是一种正在迅速成长发展的新兴旅游形态，是针对保护环境而产生和倡导的一种全新旅游形式，用当今流行的话讲，就是生态旅游是新常态下的旅游特殊产品。生态旅游业特殊在它是游客置身于生态相对古朴、原始的自然区域尽情欣赏、观察、享受旖旎风光及奇观异景的独特另类旅游形式。这种特殊的旅游形式决定了生态旅游业的发展不是依托于传统性的旅游资源，也并不是只要可以发展旅游业就可以发展生态旅游业，是对环境相当敏感的、受资源的限制性较强的产业。

5.2　生态旅游业构成

5.2.1　生态旅游业的范围

从生态旅游活动过程来看，生态旅游业范围所涉及的相关行业有三方面的内容：一是有关生态旅游“准备”的行业，如办理生态旅游咨询和预定业务的旅行社、出售旅游用品的商业、传播生态旅游及目的地信息的信息业等；二是有关生态旅游“移动”的行业，如铁路、航空、汽车、轮船、自行车、雪橇等；三是与生态旅游“逗留”有关的行业，如饮食业、旅馆业、娱乐业等。

从生态旅游活动的组织和经营管理角度来看，生态旅游业的范围更加广泛，涉及许多经济部门和非经济部门：一是直接与生态旅游有关的企业，如旅行社、饭店、餐馆、交通（包括民航、铁路、汽车公司、马帮管理站等）；二是辅助性服务行业，如商场、食品店、洗衣店等；三是开发性组织如政府旅游机构、旅游协会生态旅游专业委员会、生态旅游培训机构等。第一、二类属经济部门，可归入生态旅游业的范畴，第三类虽然属于非经济部门，似乎不应划入生态旅游业，但是它们对生态旅游业的发展有着十分重要的作用，这些组织担负着生态旅游业的开发和管理工作，比日常性的生态旅游服务和生产更加广泛和复杂，因此，也该纳入生态旅游业的范畴当中。

5.2.2 生态旅游业的结构

“食、住、行、游、购、娱”是旅游业的六大要素。与之相对应的旅游餐饮、旅游住宿、旅游交通、旅游景区、旅游购物和旅游娱乐等企业及以旅行社为代表的旅游中介服务企业共同构成了旅游业在常规模式下的基本产业结构。生态旅游业的产业结构在基本组成上与常规旅游业大致相同。但生态旅游业在利益目标和运作模式等方面与常规旅游业有较大差异，这些差异也因此在生态旅游业的各组成部门之中体现出来。

5.2.2.1 生态旅游景区

相对没有受到过度的人类活动干扰的生态旅游资源富集的自然区域，为游客提供享受并了解自然（包括与其密切相关的社区文化）的区域，我们把这些区域统称为“生态旅游景区”。在经营和管理中应最大限度地减少对生态环境和社会文化造成负面影响，并为当地社区提供经济参与机会，支持自然保护的旅游。生态旅游景区应具有自然性、可持续、责任感、学习性四个核心特质。

值得注意的是，生态旅游景区与常规旅游景区有较大的差别。常规旅游景区的建立是以满足旅游者需求、获取最大经济利益为其主要目标，景区的功能也主要是围绕为旅游者服务这一主题来设计的。而生态旅游景区则是以生态、社会和经济综合效益最大化为主要目标，旅游和娱乐只是景区的多种功能之一，除此之外生态旅游景区还具有科学研究、物种及其遗传多样性的保存、环境效益保持、自然和文化景观的保护以及教育等多种功能。另外，生态旅游景区并不像常规旅游景区那样全方位向游人开放，其开放的范围是根据生态环境保护的要求来确定的。例如，美国的黄石国家公园是世界上第一个也是最古老的国家公园，总面积达8910平方千米，但有99%的面积没有开放，任其保持原始状态，其主要目的是为野生动植物提供良好的生长和栖息环境。

我国在2012年9月29日，为科学引导全国生态旅游发展，指导和监督国家生态旅游示范区建设和运营工作，国家旅游局和环境保护部制定了《国家生态旅游示范区管理规程》和《国家生态旅游示范区建设与运营规范（GB/T 26362-2010）评分实施细则》，从生态旅游示范区规划、生物旅游资源、生态环境质量、传统文化保护、基础设施及服务实施等13个指标进行了详细地划分。

国家生态旅游示范区评分细则表见表5-1。

表5-1 国家生态旅游示范区评分细则表（节选）

序号	项目	工作要求与评定标准	项目类型	分值	自评	省评
1	示范区规划			100		
1.1	规划原则			25		
1.1.1	整体优化原则	对区域内的生态、经济和社会进行全面规划，追求整体优化	△	5		

续表 5-1

序号	项目	工作要求与评定标准	项目类型	分值	自评	省评
1.1.2	生态优先原则	在生态质量与其他方面发生冲突时，包括与景观质量发生冲突时，以生态质量优先	△	5		
1.1.3	生境范围原则	为保障相应的植物群落与动物种群持续繁育所需要的生境范围，以保持生态系统的再生与恢复能力	△	5		
1.1.4	市场导向原则	以区域的相应吸引力研究对应的市场范围与层次，以市场导向为基础规划建设项目	V	5		
1.1.5	容量控制原则	接待容量不超过生态承载力	△	5		
1.2	规划制定			35		
1.2.1	制定有专门的旅游总体规划	有专门编制单位和规划成果，编制单位有旅游或环保规划资质	△	20		
1.2.2	旅游总体规划审批	经旅游、环保、土地等部门审批	△	15		
1.3	规划实施有效性	包括土地利用、功能布局、游览项目与设施安排等	V	40		
1.3.1	全面实施	规划中的各项项目、制度、措施，全面按时落实		40		
1.3.2	基本实施	规划中的各项项目、制度、措施、基本全面落实		25		
1.3.3	严重违反规划	区内有违反规划的大型建设项目或破坏环境项目	×	-40		
			本项得分			

5.2.2.2 生态旅行社

旅行社在旅游业中的主要作用，一是对各种旅游资源、旅游交通设施和各种食、宿、娱设施进行组合、设计、加工，使其成为旅游包价线路产品；二是招徕、组织和接待旅游者，也就是对所加工出的旅游产品进行销售和售后服务。事实上旅行社提供的旅游线路产品只是对一些旅游服务产品所进行的简单组合和包装，是一种低附加值的生产。在信息自由化、电子商务普及化和旅游者重游率提高、旅游经验日益丰富的新的时代背景下，旅行社的工作很容易被旅游者通过技术手段轻松完成（如网上自由预订机票、饭店，甚至景区门票)，旅行社业务的这种低门槛性质使得旅行社的地位趋于下降。更为重要的是在旅游业生态化的大潮下，生态旅游活动应该是小规模、多批量、分散化的，这既符合生态恢复规律，又能满足旅游者个性化的旅游需求。这与旅行社传统业务所要求的大规模、集体化旅游活动相悖。而且在未来的旅游业中，真正稀缺的生产要素既不是中介服务也不是交通食宿，而是高质量的生态旅游产品，谁能提供高质量的生态旅游产品，谁就能成为旅游业的龙头。从这方面讲，生态旅游景区将比旅行社更具优势。

虽然旅行社在生态旅游业中的地位和作用有所下降，但若旅行社能把握住生态旅游业发展的脉络，主动调整业务范围和运作模式仍然可以大有作为。首先，旅行社的重组将不可避免，一些仅靠订票、接待为生的小旅行社将面临生存困难的窘况，专业化、规模化、集团化将是旅行社发展的方向；其次，生态旅游产品的开发与投资将成为旅行社的重要业务。生态旅游产品的生产不仅仅是对原有资源的组合和包装，而是要有较多的科技投入和资金投入。旅行社与生态旅游景区的资本融合、业务融合将是生态旅游业发展的必然趋势。

5.2.2.3 生态旅游饭店（绿色旅游饭店）

A 生态旅游饭店的产生

饭店伴随人类的旅游活动已经有几千年的历史。但是在现代意义的旅游业出现以前，为旅游者提供食宿的饭店无论数量还是规模都非常有限，并不足以对生态环境造成威胁。从 19 世纪末起，随着大众旅游的快速发展，旅游饭店也告别了简易客栈阶段而进入大饭店阶段，并迅速经历了商业旅馆阶段和新型旅馆阶段，在 20 世纪中期进入了现代饭店时代，成为现代旅游业发展的重要支柱行业。这时的饭店不仅数量众多而且规模巨大、内部装修豪华，已经成为能提供众多设施和服务的旅游接待综合体。同时，现代饭店对生态环境的影响和破坏也越来越明显。据统计，一座建筑面积在 8 万～10 万平方米的大型高层饭店，全年能源的消耗大约为 1.3 万～1.8 万吨标准煤，其能耗量并不亚于一个大型工厂。同时饭店每天还向外界排放大量的烟尘、污水和垃圾。在我国目前还有 60%以上的饭店使用燃煤锅炉，一座中等规模的饭店一年大约要消耗 1400 吨煤，一年会向大气层排放 50 吨烟尘，24 吨二氧化硫和 3000 吨左右二氧化碳。三星级以上的饭店日均用水量达 250 吨，也就是说一座饭店一年要排放近 10 万吨污水，而且这些污水中除了生活污水外，还包括含油量很高的厨房污水及含有多种有机物的洗衣房污水，这些污水都将对环境造成不同程度的污染。饭店还产生大量的生活垃圾，若不进行分类收集和处理，会造成一些严重污染的废弃物（如各种不能降解的塑料袋、塑料制品和废电池等）也混入普通垃圾，造成对环境的污染。

20 世纪后期，随着人们环保意识和生态意识在全球范围内的普遍觉醒，现代旅游业的常规发展模式受到越来越多的质疑和挑战，旅游业的生态化成为行业发展的趋势。在此背景之下，20 世纪 80 年代末期，一些发达国家的饭店开始改变经营策略，加强环保意识，实施环境管理。1993 年，由世界 11 家著名的国际饭店管理集团组成的一个委员会召开了“旅馆环境保护国际会议”，通过了这 11 个国际饭店管理集团签署的“实施环保计划，改进生态环境，加强国际合作”的倡议，并出版了《旅馆环境管理》一书。从那时起欧美许多国家的饭店纷纷重新审视企业的经营方式和服务程序是否符合环境保护的要求，并着手改进经营和服务方式，极力塑造“绿色饭店”的企业形象。此外，由于近年来旅游饭店的有效供给能力的增长大大快于旅游住宿需求的增长速度，饭店业的竞争日趋激烈，于是许多饭店在积极招徕客人做好开源工作的同时，也开始在如何节能、降耗、减少开支等节流工作上下功夫，以便能降低成本，提高经济效益和竞争能力。

正是在多种内外市场因素的共同作用下，充分利用能源并提供对生态环境和人体健康无害的饭店产品，既满足当代人的需要，又不对后代构成危害作为经营理念和发展模式的“绿色饭店”便应运而生了。

B 生态旅游饭店（绿色饭店）的标准

旅游业的发展依赖于当地的环境状况，饭店业作为旅游业的支柱产业，在有效保护环境和合理利用资源方面的努力直接关系到旅游业的健康发展，并影响到社会的可持续发展。所以，饭店的环境管理工作被提上议事日程，而创建“绿色旅游饭店”是饭店环境管理的重要环节。

绿色饭店不仅是一种新的饭店经营理念，而且还应有具体的评定标准和运作模式。经国家旅游局批准，《绿色旅游饭店》为旅游行业标准，从 2006 年 3 月 23 日起实施。绿色旅游饭店分金叶级和银叶级两个等级。绿色旅游饭店（LB/T 007-2006）从范围、规范性引用文件、定义、基本原则及管理的基本要求等 13 项内容进行了规范。

旅游饭店是旅游业的重要产业支柱，旅游饭店的生态化也是旅游业生态化的一个重要组成部分和标志之一。由于有社会舆论的支持、饭店业内在利益的驱动以及市场需求的推动，其生态化进程比旅游业的其他组成部分更容易，也更具有可操作性。

5.2.2.4 生态旅游交通

A 生态旅游业中交通的特性

生态旅游交通是一个交叉产业，而同时又是一个相对独立的产业，既有与国民经济交通运输业和旅游业共有的某些特性，又区别于传统旅游业旅游交通的显著特性。

（1）环保性。生态旅游业交通工具的环保性是指生态旅游业应采用符合环保要求的新型交通工具。传统的交通工具对环境影响很大，如传统汽车，据调查统计每燃烧 1kg 汽油，要消耗 15kg 新鲜空气，同时排出 0.15~0.2kg 的一氧化碳、4~8g 的碳氢化合物、4~40g 的氧化氮及少量的四乙基铅，这种铅的毒性要比无机铅大 100 倍；又如我国以前火车采用煤燃料，这些对环境危害都很大。因此要采取措施减少交通工具对景区环境的污染，一方面减少机动交通工具进入生态旅游区，另一方面寻求解决的方法，如推广使用无铅汽油以防止四乙基铅的污染，用电力作交通工具动力，减少机动交通工具尾气。

（2）自然性。生态旅游业交通工具的自然性是指在生态旅游区内，尤其是生态较为脆弱的地区尽量采用非机动的、自然的交通工具，提倡畜力、人力、自然能（风能、漂流）交通工具或徒步旅行，以减少对自然生态的污染，贴近大自然、贴近百姓生活，随心所欲游山玩水。即使是由于某种原因需要符合环保要求的机动车辆，在色调与风格上也应与该区域的自然文化环境相协调，避免产生视觉污染，而且在线路设计上要考虑生物生境，不靠近不干扰珍稀濒危物种的正常生存。

（3）地方性。生态旅游业交通工具的地方性是指使用的交通工具符合生态旅游区及其社区的气候条件、地形地貌等自然特点和传统习俗、风土人情等文化特色。比如，在云南迪庆香格里拉，马是当地藏民传统的交通工具，养马是他们的传统习惯，因此在碧塔海景区把骑马作为一个主要交通方式，不但生态旅游者有纵马高原的豪壮之气，而且社区居民也乐意参与，主动把自家养的马加入旅游服务行业中去。

B 生态旅游业中交通的基本构成

根据使用地点，生态旅游业中的交通主要由生态旅游区外交通工具方式和生态旅游区内交通工具方式两部分构成。

（1）生态旅游区外交通工具方式。生态旅游区外交通工具方式也就是生态旅游者使用何种交通工具到达生态旅游区，这主要取决于生态旅游区外的旅游交通运输网络，该网络由公路、航空、水运和铁路等四大现代交通方式有机结合构成。生态旅游者到达旅游目的地，常常是上述四种方式的相互结合，优势互补、综合运用。

（2）生态旅游区内交通工具方式。生态旅游区内交通工具除运输功能外，还有旅游参与功能。从运输功能考虑，应满足环保性的要求，而从旅游参与功能出发，应有地方性，也就是富有地方民族特色。因此，交通工具方式丰富多彩，各具特色，旅中有游，旅游结合，对生态旅游者有极大的吸引力，能最大限度满足生态旅游者的不同需求。生态旅游区内交通方式主要有陆运交通工具、水上交通工具和空中交通工具三大类。

C 旅游交通的生态化发展

（1）旅游交通生态化发展的必要性。交通道路的建设及供给均对所经过的自然环境造成影响，如道路修建破坏一定的生态区域的地面植被及景观；废气对大气的污染；噪声污染；安全隐患；自然资源的压力。

（2）生态化旅游交通在生态旅游业中的地位。交通是促使旅游景区开发和成长的关键因素；交通对生态旅游业的赢利和繁荣起着重要作用；构成旅游体验的一部分。

5.2.2.5 生态旅游商品

“购”是生态旅游业六要素之一，发展生态旅游商品的生产和经营，可以增加旅游收入，繁荣市场，传播传统的优秀文化艺术，促进轻工业水平的提高，还能提高资源利用率，变废为宝。

A 生态旅游商品的概念及类型

生态旅游商品专指生态旅游者在生态旅游过程中所购买的实物商品，这些商品一般具有纪念、欣赏、保值、馈赠意义或实用价值。生态旅游商品主要包括旅游纪念品、旅游工艺品、旅游用品、旅游食品及其他商品五大类。

B 生态旅游商品的特点

生态旅游商品要突出其特色，也即突出说明其特点的“四性”。

（1）地方性。地方性是体现生态旅游商品特色的关键，地方性越强，越能给游客留下深刻的印象，其纪念意义就越深远。主要表现在地方性的原材料、地方性的设计、地方性的文化内涵、地方性的艺术风格及地方性的包装。

（2）环保性。传统的旅游商品有些在原材料利用、加工过程或包装材料上并不符合环保要求，因此生态旅游商品的制作及包装要求在保证特色的前提下加以改进，使之无污染无公害，符合环保、卫生的标准，品质更加优良。

（3）实用性。实用性是指生态旅游商品做到实用化，能够满足生态旅游者的各种需求，如旅游食品要软包装，洗刷用品小型化、系列化，旅游鞋帽要舒适、轻便、安全等。

（4）方便性。生态旅游者在目的地的停留时间是短暂的，不可能有很多时间来购物，所以小巧玲珑、包装精美的商品容易引起旅游者注意，而且旅游者旅途劳累，为避免负重累累，迫切希望旅游商品小型化，包装牢固又轻便，以便于携带。

5.2.2.6 生态旅游康乐

生态旅游康乐即指旅游企业为生态旅游者进行健身锻炼和文化娱乐活动提供各种设施和服务，它与其他生态旅游业要素有机结合，构成生态旅游业体系。

A 生态旅游康乐活动的意义

在“食、住、行、游、购、娱”这个为人们公认的旅游活动模式中，“娱”是必不可少的一环，其意义如下。

（1）可以满足生态旅游者求乐、求新、求知、健身的心理需求。生态旅游业的存在和发展是以能否满足生态旅游者的需求为条件的，生态旅游者来到大自然，除了了解自然、保护自然外，还要以大自然为舞台，进行丰富多彩的生态旅游娱乐活动，以满足其求乐、求新、求知和健身的心理需求，如参与当地有民族特色的歌舞晚会、攀岩、登山探险、漂流、滑雪等。

（2）可以用来调动客流、调整客源结构。生态旅游业具有动态性，在时间上有淡季、旺季和平季之分，在空间上有热点和冷点之分，而康乐活动的安排可以增加或减少生态旅游者在一地的逗留时间，在全局上起到均衡客流的作用，还可以缓解季节对生态旅游业的不利影响，在旺季加速客流，在淡季吸引客源。如以文化交流为主旨的中日青少年友好交流大会连续几年安排在冬季举行，就起到补充淡季客源的作用。

（3）可以增加旅游收入。生态旅游者参与生态旅游康乐活动，一方面有些活动本身需要交纳一定的费用，直接增加了旅游收入，比如滑雪活动出租滑雪工具；另一方面延长了生态旅游者在目的地的逗留时间，对增加旅游收入有间接的作用。

B 生态旅游康乐活动的种类

生态旅游康乐活动可按活动场所分为旅游饭店的康乐活动、游乐园的康乐活动、专项旅游的康乐活动三类。

（1）旅游饭店的康乐活动。三星级以上的旅游饭店和旅游度假村一般都有比较完备的康乐设施，作为配套服务设施提供给生态旅游者，主要有歌舞厅、健身房、桑拿浴、保龄球、桌球、壁球、游泳池、网球场、冲浪等，生态旅游者在旅游之余，可借助上述设施选择自己喜欢的康乐活动。

（2）游乐园的康乐活动。在一些生态旅游区，设立了游乐园或游乐场，根据不同年龄层次、不同肤色、不同性别的需求来设计活动设施，如适合儿童的童话世界、秋千、转盘、滑梯、跷跷板等，适合青年人的攀登人工岩壁、模拟野战、“飞越太空”等惊险项目。

（3）专项旅游的康乐活动。生态旅游活动由丰富多彩的专项旅游构成，如自行车旅游、森林生态旅游、草原生态旅游、登山探险旅游，这些专项旅游中，不乏康乐活动。以森林生态旅游为例，可以在森林生态环境中进行野营、野餐、钓鱼、篝火晚会、野外生存、体能训练、滑雪、溜冰、骑马、划船、团体聚会、高尔夫球等活动。

5.3 生态旅游业发展及展望

5.3.1 生态旅游业与传统大众旅游业

生态旅游业是在传统大众旅游业发展过程中出现环境问题的基础上兴起的，它与人类正在经历的生态时代相适应，代表了旅游发展的新潮流，是旅游发展的一个新阶段，其与传统大众旅游业相比，在追求目标、管理方式、受益者和影响方式等方面具有不同的特征。

对于传统旅游业，利润最大化是开发商追求的目标，而追求享乐是旅游者的主要目标，其最大受益者是开发商和旅游者，由旅游活动所带来的环境代价则主要由社区居民承担，它以牺牲环境资源的持续价值来获取短期经济效益，这种旅游是不可能持续发展的。生态旅游业在实现经济、社会和美学价值的同时，寻求适宜的利润和环境资源价值的维持，开发商、旅游者、社区及其居民都是直接受益者，环境得到有效措施的保护，是可持续发展的旅游业。

生态旅游业与传统大众旅游业的比较见表 5-2。

表 5-2 生态旅游业与传统大众旅游业的比较

比较项目	生态旅游业	传统大众旅游业
目标	适宜的利润与持续维护环境资源的价值，价值导向，以自然为基础的享乐，环境资源和文化完整性展示和保育	利润最大化，价格导向，享乐为基础，文化与景观资源的展览
管理方式	生态化管理，景观保护第一，有选择地满足游客要求，有计划的空间布局，功能导向的景观生态调控，有选择的交通方式	旅游第一，有求必应，无计划的空间拓展，分片分散的项目，交通方式不加限制
受益者	开发商，游客，当地社区和居民分享利益	开发商和游客为净受益者，当地社区和居民的受益与环境代价得不到补偿
正面影响	创造持续就业机会，促进经济持续发展，交通、娱乐和基础设施的改善与环境资源保护相协调，经济、社会和生态效益相结合	创造就业机会，刺激区域经济增长，但只注重短期利益，交通、娱乐和基础设施改善有一定的经济效益
负面影响	短期内游客较少，但趋于增加，交通受到管制，合理开发措施和游客的保护性旅游行为不产生各类污染问题，生态旅游者的活动必须不干扰当地居民和生物的生活为前提	高密度的基础设施和土地利用问题，机动车拥挤、停车场占用空间和机动车产生的大气污染问题，水污染、地面污染等问题，旅游活动干扰居民和生物的生活规律

5.3.2 生态旅游业的任务

当前，我国生态旅游发展形势喜人，无论从政策、产业，还是学术研究来看，生态旅游的发展都获得了更多的支持、更大的投入、更加深入的研究和实践。生态旅游是实现可持续旅游的一种发展模式，比大众旅游更注重对当地自然和文化的保护、更注重对旅游者的教育，消费高于国内大众旅游的消费水平，是高层次的旅游活动，是一种文明的出行，是一种怀着对大自然敬意，与自然和谐相处的人文行动。

生态旅游业的范围包括各种各样的企业和组织，除了旅行社、旅游目的地管理机构是实实在在为旅游而出现、存在的实体以外，其他都是各行各业自然而然地渗透到生态旅游业中来，产业界线不如其他产业明显，因此只从范围出发不足以说明生态旅游业的本质和特点。我们还应考虑通过这些企业和组织联系的纽带，这个纽带就是都为生态旅游活动提供便利，通过提供各自的产品和服务满足生态旅游者的需要，这也是生态旅游业的任务。

5.3.3 生态旅游业发展的指导思想

深入贯彻习近平总书记系列重要讲话精神，按照“五位一体”总体布局和“四个全面”战略布局，对生态文明建设做出了顶层设计和总体部署，提出“绿水青山就是金山银山”“尊重自然、顺应自然、保护自然”“绿色发展”等生态文明理念。牢固树立和贯彻落实创新、协调、绿色、开放、共享的新发展理念，以满足人民群众日益增长的旅游休闲消费需求和生态环境需要为出发点和落脚点，以优化生态旅游发展空间布局为核心，以完善生态旅游配套服务体系为支撑，坚持尊重自然、顺应自然、保护自然，强化资源保护，注重生态教育，打造生态旅游产品，促进绿色消费，推动人与自然和谐发展。

5.3.4 生态旅游业发展存在的问题

2016 年国家发展改革委、旅游局印发《全国生态旅游发展规划（2016～2025 年）》（以下简称《规划》）。《规划》指出了当前中国生态旅游发展中凸显的问题：一是重开发轻保护，集中表现为地区对生态旅游认识不到位，未能贯彻绿色发展理念，不重视自然资源保护，在缺乏项目规划的情况下，过分追求眼前利益和局部利益，忽视环境承载力、生态修复力，大肆施行竭泽而渔式开发，导致环境恶化。二是生态旅游产品同质化。生态景区不仅要带动地区经济发展，更要相应地承担起社区参与、环境教育的功能，需要对缺乏利益共享机制、生态保护监督机制的景区进行整改，提高社区参与积极性。

2020 年是不寻常的一年，受新冠肺炎疫情在全球持续蔓延的影响，2020 年度国内旅游人数为 28.79 亿人次，比上年同期减少 30.22 亿人次，下降 51.2%。分季度看，呈现降幅收窄趋势，其中第一季度国内旅游人数 2.95 亿人次，同比下降 83.4%；第二季度国内旅游人数 6.37 亿人次，同比下降 51.0%；第三季度国内旅游人数 10.01 亿人次，同比下降 34.3%；第四季度国内旅游人数 9.46 亿人次，同比下降 32.9%。研究表明疫情发生之后，近郊亲子游、家庭游增多，游客越来越重视对于自然生态环境与个人健康的追求，注重精神愉悦、亲子陪伴、释放压力等的短途、近郊游拥有巨大市场需求，自然生态景区从疫情中脱颖而出。

5.3.5 生态旅游业发展的必要措施

我国虽然拥有众多的生态旅游资源，但对这些资源的保护力度不够，加上我国生态旅游的发展大部分还停留在初级阶段，致使我国生态旅游存在不少问题。如生态旅游资源遭受了严重的损害，生态旅游景区建设也存在大量问题，人们的生态环保观念不足，旅游景区经营超载等。针对生态旅游中的问题，应该着力构建我国生态旅游适宜的开发和经营模式，以纠正目前生态旅游发展中的偏差。适宜的生态旅游开发应着重从以下几个方面考虑。

5.3.5.1 制定科学发展规划，合理开发建设生态旅游资源

生态旅游区建设的最终目的是旅游区生态系统状态最优，主要建设内容是生态建设。生态旅游区建设首先要遵守生态化原则。旅游区的检索要处理好人与自然、旅游者与环境、旅游者与当地社区的关系，建立自然-旅游-社区复合生态系统。其次生态旅游区建设要遵守本土化原则。旅游的基础设施建设必须最大限度地使用当地材料，而且要尽量减少对当地环境的破坏，设施的外观要与周围环境协调一致。再次生态旅游区建设要遵守简朴化原则。生态旅游更多是追求质朴与自然协调，所以在游览区内，要尽可能减少人工建筑的痕迹。

5.3.5.2 发挥生态旅游教育、培训的功能，增强环保意识

旅游和旅游业主要是一种大众参与的活动，因此公众的自觉环境意识在生态旅游过程中就显得尤为重要。然而许多人包括旅游者在内，都并不十分清楚环境与旅游发展之间的关系，这就需要通过一定途径提高人们对环境的敏感意识和积极参与解决环境问题的主动性。通过教育和培训，使人们在环境意识、环境道德、环境价值观、环境行为和处理问题的技能方面有所发展。

5.3.5.3 建立相关法律法规，保护生态旅游资源，保障安全

生态旅游一定要加强环境立法和管理，制定和完善旅游资源开发的政策和法规，我国不少法令都直接与保护旅游资源有关，例如森林法、野生动物保护法等，在对旅游资源采取预防性措施的同时，对危害和破坏旅游资源的单位和个人给予必要的行政处罚和经济处罚。对造成严重破坏者，追究有关人员的法律责任。除此之外，旅游景区安全设施建设应得到保障。

5.3.5.4 加大生态旅游宣传，提倡健康文明旅游

鼓励和发动公众参与文明旅游。提高公众自身环境意识，减少来自旅游者的环境污染。紧紧依靠和充分利用一切新闻媒体和多媒体演示技术和虚拟现实技术等各种手段，在全社会广泛开展旅游生态环境保护与旅游生态资源不可再生的宣传教育，引导人们重视大自然给予人类的物质及精神财富，尽快培养起生态环境保护意识。

5.3.5.5 建立生态旅游大数据系统，整合、应用各领域资源

建立生态旅游大数据系统是十分有必要的。现在是大数据时代，数据是很重要的资源，科学数据资源是国家重要的财富，也是生产力，必须使科学数据流动起来。科学数据完全可以支撑起国家信息产业或者大数据产业，而且数据资源越用越有价值。作为国家重要的战略资源，科学数据非常有意义，数据资源共享后如何进行整合、应用，值得各领域的科学家进一步研究。

5.3.6 生态旅游业发展展望

在我国，生态旅游的利益相关者主要为生态旅游者、当地社区、政府或行政机构和旅

游经营者、其他产业部门及 NGO 组织（Non-Governmental Organizations，非政府组织）。生态旅游产出的效益在各利益相关者之间实现合理分配，是一个动态的作用过程。各利益相关者依赖各自掌握的资源，各方相互配合，最终各取所需。处理各利益相关者之间作用关系是生态旅游管理的主要内容，也是关系其成败的关键。利益分配的动态过程始终贯穿在生态旅游管理的框架之中，其中政府的协调与调控作用是不可或缺的。生态旅游已成为实现生态保护、旅游发展、环境教育及社区发展等多重目标的一种最佳手段。

我国生态旅游发展至今，由于受各方面因素的影响，生态旅游产业虽然还不能进行独立核算和统计产业体量，但生态旅游产业的特色和规模已经形成。此外，生态旅游发展带动了就业增收能力，目前生态旅游已成为农民脱贫增收的新渠道，更成为推动地方经济转型升级、促进消费的新引擎，对地方社会经济的带动作用日益明显。

通过开展生态旅游，可以带动当地社区相关产业的发展和多重经济的繁荣，从而减轻社区居民对当地资源的依赖。实践活动表明，社区生态旅游作为一项生计策略已经产生了显著的生计结果，但同时还具有很大的提升空间。

6 生态旅游与环境管理

6.1 生态旅游环境承载力

6.1.1 生态旅游环境的概述

自1983年，世界自然保护联盟首次提出“生态旅游”概念后，这一新兴的绿色消费方式迅速火遍全球。20世纪90年代初期，生态旅游概念被正式引入中国。随着我国可持续发展战略地实施，历经20多年发展的生态旅游初步形成以风景名胜、自然保护区、地质公园、森林公园及湿地公园等为主要载体，以山、河、湖、海、荒漠、草原、湿地为代表类型的生态旅游体系，是一种崇尚人与自然和谐共生、倡导绿色环保的旅游方式。生态旅游不仅依靠其多元化、深层次、沉浸式、有特色的旅游产品受到了人们的青睐，更通过社区参与、环境教育、共建、共享等方式提高了当地居民的生活水平和地区的经济收益。随着支持生态旅游的声音越来越大，人们对绿色理念的认识和对生态保护的意识明显提高，习近平总书记的“两山论”即绿水青山就是金山银山理念已逐步成为共识。

6.1.1.1 生态旅游环境内涵

生态旅游环境是生态旅游活动、生态旅游资源所依附的基础，是生态旅游发展的生命之源，没有高质量的生态旅游环境，也就没有生态旅游的发展。生态旅游环境是以生态旅游为中心的环境，是指生态旅游活动得以生存、进行和发展的一切外部条件的总和。生态旅游环境的内涵包括以下几方面。

（1）生态旅游环境是符合生态学和环境学基本原理、方法和手段下的旅游环境，是维护和建立良好的景观生态，促进生态旅游发展的环境。

（2）生态旅游环境以生态系统良性运行为目的，旅游环境与旅游开发相适应和协调，使自然资源和自然环境能够繁衍生息，使人文环境能延续并得到保护的一种旅游环境。

（3）生态旅游环境是以某一旅游地的环境容量为限度建立的旅游环境，只要在该旅游容量的阈值范围内，就可使生态旅游不破坏当地的生态系统，而使旅游地的生态系统在被开发利用的同时得到休养生息，从而获得旅游开发、经济发展、资源保护利用、环境改良的协调发展。

（4）生态旅游环境不仅仅包含自然生态环境和人文生态环境，而且还特别重视“天人合一”的旅游环境。既注重生态环境本身，又注重一些环境要素及环境所包含的生态文化。

（5）生态旅游环境是运用生态美学等原理与方法建立起来的旅游环境。生态旅游环境是培养生态美的场所，也是人们欣赏、享受生态美的场所。

（6）生态旅游环境还是满足旅游者心理感知的一种旅游环境。生态旅游环境的建立要考虑到生态旅游者回归大自然、享受大自然、了解大自然的旅游动机和行为取向，能让旅游者感知自然。

6.1.1.2 生态旅游环境特点

生态旅游环境作为旅游环境的重要方面，与旅游环境既有共同的地方，又具有自己的特点。生态旅游环境的特点概括起来有以下几个方面。

A 资源性

生态旅游环境的资源性至少可以从以下几个方面来认识。

a 生态旅游环境容量的有限性表明了资源的稀缺性

生态旅游环境能够承受旅游者直接或间接产生的固体废弃物（如生活垃圾）和宾馆饭店等服务系统产生的废水、废气及娱乐设施和旅游交通产生的噪声的能力是有限的，抵抗或恢复旅游者造成的生态系统破坏的能力也是有限的。

b 生态旅游环境能产生的价值表明了资源的有效性

生态旅游环境作为资源，具有对社会的有效性。人类开发利用资源无一不是为了满足某一方面的需求，从而使其具有社会经济价值。生态旅游环境对现代社会具有普遍效用。通过旅游开发既可获得经济效益，又能获得让人松弛紧张情绪、消除疲劳、健身求知等社会效益，促进社会、经济、资源、环境的协调发展。

c 生态旅游环境的系统性表明了资源的层次性和整体性

从生态旅游环境的空间层次来看，可简单地分为生态旅游外部环境和内部环境，也可以分为全球、大洲或大洋、国家和地区、省区或区域生态旅游环境等。从时间层次上看，有些生态旅游环境要素和子系统是历史发展形成的，有些是现在才形成的。例如，天然生态旅游环境是经过几千万年、几百万年自然演化的结果；生态旅游气氛环境是上千年、几百年、几十年历史沉淀积累或历史与自然共同作用形成的，使区域旅游具有明显的地方特色、历史特色、民族特色；而生态旅游政治环境、社会环境和经济环境等则具当代性。生态旅游环境的层次性反映了生态旅游环境的结构和功能，反映出生态旅游环境一定的资源价值性。同时，生态旅游环境是作为系统存在的，是相互制约、相互联系的一个整体（各子系统也是一个相对独立的整体），整体功能能得到良好的发挥就能较充分地实现旅游价值，从而获得生态旅游环境的资源价值。

d 生态旅游环境系统的可变性、可控性表明了资源的可塑性

生态旅游环境系统包括自然生态旅游环境、社会生态旅游环境，也包括生态旅游经济环境、生态旅游气氛环境等，无论哪一种生态旅游环境，都会有人类的活动参与其中。生态旅游环境受到人类活动的有利影响时，在某种意义上可改善其结构和利用功能，提高生态旅游环境的利用价值或利用效益；受到不利影响时，可使生态旅游环境系统的结构和功能受到损害，降低生态旅游环境系统的功效，甚至成为生态旅游业发展的障碍或致命因素。生态旅游环境的这种优变与劣变的可能性，说明生态旅游环境具有一定的可塑性，即人类可按一定目标对生态旅游环境进行改造，对其进行定向培养，从而提高其质量水平。只要人们充分掌握生态旅游环境的变化规律，就可实现对生态旅游环境系统演化的控制，为生态旅游业的发展服务。

e　生态旅游环境具有利用的多益性

生态旅游环境具有多功能、多用途和多效益的特征，这是资源尤其是自然资源具有的明显特征之一。如森林生态旅游环境具有土地利用效益、提供原料效益、货币收益效益、环境保护与调节气候效益、风景美化效益等。生态旅游环境的多益性带来了生态旅游环境的复杂性。显而易见，并非所有的效益都具有同等意义，因此在对其进行开发利用时，要权衡利弊，特别是面对多种社会需求时，其效益的选择就显得格外重要。

总之，生态旅游环境具有资源性的特点，突出的有两点：一是提供了能直接利用的生态旅游资源；二是提供了生态旅游发展需要的基础。

B　综合性

如前所述，生态旅游环境是由若干子系统组成的综合性环境系统，既有自然的子系统，又有社会、经济、文化和气氛等子系统。各种子系统共同组成生态旅游环境系统，使其具有四维空间结构的特性：空间结构、组分结构、时间结构及功能结构等。生态旅游环境四维结构特性反映了其综合性。生态旅游环境的多益性、有效性也在某种程度上反映了生态旅游环境的综合性。

C　容量有限性

生态旅游环境容量是生态旅游环境对于生态旅游活动的强度、规模等的限定。在一定时期内，一个生态旅游地开展生态旅游活动后，不对生态旅游地的环境、社会、文化、经济及旅游者感受质量等方面带来无法接受的不利影响的生态旅游者规模和生态旅游活动强度的最高限度，称为生态旅游环境的极限容量，也叫作饱和容量。如果达到或超过了这个极限值则视为饱和或超载，长此以往就会导致生态与环境系统的破坏。在实际规划和管理中，往往要谋求一个最适值和合理值，称作最佳容量。在此容量下，既能保证生态旅游环境系统的功能发挥最好，获得满意的经济效益、社会效益等，又不至于造成生态旅游环境的破坏，使生态旅游环境能良性循环，保证生态旅游地实现旅游、资源、环境、社会、经济等之间的协调，促进生态旅游地可持续发展。显然，一个生态旅游环境系统的容量应该是有限的，也就是说，应该有一个阈值范围，超过这一阈值范围，就会导致投入产出比低，甚至会产生是否值得进行旅游开发的问题。这一阈值范围之所以存在，是因为一个生态旅游区域在一定时间内在结构、功能、信息等多方面具有相对稳定性。正因为有这一稳定性存在，使得生态旅游环境容量可以通过一定的手段或方法来加以确定，即以接待多少旅游者为指标参数。

一个生态旅游地的生态旅游环境容量在一定时期内存在一个较确定的阈值范围，但这并非一成不变，而是随着生态旅游环境系统中某一个或某几个要素的变化而发生变化。如一个生态旅游地开辟了新的生态旅游景区，增加了新的生态旅游项目等，生态旅游地的旅游环境容量也就会随之变大。由于应用了高新科技，管理水平提高了，也会使该地生态旅游环境容量增大。反之，如果生态旅游环境因种种原因而发生了恶化，如污染、战争、自然灾害等，则其生态旅游环境容量也就减小。这就说明生态旅游环境容量是有限的，但又随着一些条件的变化而发生变化。

生态旅游环境是由多因素组成的复杂大系统，这一系统的运行规律随着人们对它越来越多的研究而逐渐被揭示出来。只要能正确认识和遵循生态旅游环境系统的运行规律，生态旅游环境的容量就是可以调控的，如改变生态旅游产品类型与数量，调整优化某一个或几个环境要素等，从而使生态旅游环境容量在质和量等方面朝着人们期望的方向变化。但这种调控要受到生态旅游环境系统本身的结构、功能及由此形成的稳定性等的限制，这种调控也就有一定的限度。也就是说，生态旅游环境容量尽管可做某些调控，但其容量的增加不可能无限，仍受容量有限性的限制。

6.1.1.3 生态旅游环境的构成

发展至今，生态旅游在四大理念（保护性、自然性、社区参与、环境教育）和三大要点（生态旅游的活动性质、对象、人文景观）的基础上，立足新发展阶段、新发展理念、新发展格局和高质量发展，从“五位一体”总体布局出发，确定生态旅游环境由自然生态旅游环境、经济生态旅游环境、社会生态旅游环境、文化生态旅游环境、政治生态旅游环境五个方面构成。

A 自然生态旅游环境

自然生态旅游环境是指由自然界一些自然要素，诸如旅游地地质、地貌、气候、水体、动植物等组成的自然环境综合体，即狭义的旅游环境。它由天然生态旅游环境、生态旅游空间环境和自然资源环境组成。

a 天然生态旅游环境

天然生态旅游环境是由自然力形成的、受人类活动干扰少的生态旅游环境，主要包括自然保护区、森林公园、风景名胜区、植物园、动物园、国有林场及散布的一些古树名木等。根据天然生态旅游环境的不同主体，可以划分为森林生态旅游环境、草原生态旅游环境、荒漠生态旅游环境、内陆湿地水域生态旅游环境、海洋生态旅游环境、自然遗迹生态旅游环境。

b 生态旅游空间环境

生态旅游空间环境主要指能开展生态旅游的景点、景区、旅游地、旅游区域的自然空间范围的大小。

c 自然资源环境

自然资源环境主要指水资源、土地资源、自然能源等自然资源。自然资源环境对生态旅游业生存和发展起到支持和限制作用。

B 经济生态旅游环境

经济生态旅游环境主要指影响旅游业发展的经济部门、旅游行业内部在遵循生态经济学原则的情况下对生态旅游业的影响程度。分为外部经济生态旅游环境和内部经济生态旅游环境。

a 外部经济生态旅游环境

外部经济生态旅游环境是指满足生态旅游者在生态旅游活动时的一切生态经济条件。众所周知，经济条件和经济环境是旅游活动的物质基础条件和旅游活动质量好坏的关键，包括基础设施条件、旅游设施条件及旅游投资能力的大小和接纳旅游投资能力的大小等。在进行基础设施、旅游设施等建设过程中，甚至整个旅游地域经济发展中，是否遵循了生态学、生态经济学的基本原则，是否考虑了经济、资源、环境等协调发展，往往是影响生态旅游业发展的关键。

b 内部经济生态旅游环境

内部经济生态旅游环境主要指旅游行业（产业）内部的管理制度、秩序、政策倾向、人员等对生态旅游的认识和支持程度。生态旅游与以往的传统旅游一样，公平的市场环境、良好的市场秩序、规范的市场运行机制、有效的旅游市场主体等，有利于克服市场混乱、管理混乱等弊端，有利于建立良好的行业竞争环境，促进旅游产业各部门良性运行。不仅如此，生态旅游的发展要求各种旅游形式、各类旅游经济成分均遵循经济原则，利于协调统一发展；同时，生态旅游还需要旅游行业内部对生态旅游有较高的认识、较多的理解、较多的支持，以使旅游业可持续发展。

C 社会生态旅游环境

社会生态旅游环境是指社会稳定和长治久安作为旅游资源发挥吸引力对于生态旅游业的影响程度。考虑到当下疫情对公众潜移默化的影响，公众对地区安全、公共服务与管理的重视程度达到了新的高度。良好的社会环境和社会形势能够促进旅游业的发展。

D 文化生态旅游环境

文化生态旅游环境是指政府或有关组织及政治局势对生态旅游的支持程度及人们在人与自然和谐发展思想指导下的文化氛围，主要是指“天人合一”的文化旅游环境。在人类与自然互利、共生关系的思想指导下进行旅游开发，特别是生态旅游开发过程中树立起人与自然和谐发展的观念。

中国文化源远流长，拥有着深厚的文化底蕴，大江南北数不胜数的历史遗迹、建筑、民族艺术、宗教等吸引着海内外游客。历史上一系列名胜古迹，特别是一些宗教名山就是我们祖先与自然共同创造的“天人合一”文化旅游环境的典范。他们在建寺建观之时，采取一系列建筑技艺处理，不但不破坏自然，还使原有景观更加突出，创造出优于纯自然环境的“天人合一”环境。

E 政治生态旅游环境

政治生态旅游环境是指政府或相关组织在区域旅游政策、旅游管理技能、政治局势等方面影响（支持或限制）生态旅游发展的软环境。区域旅游政策环境不仅影响生态旅游业产业结构的资源配置，而且对生态旅游业发展起着至关重要的作用。生态旅游管理技能水平往往关系到旅游地接纳生态旅游者的数量和生态旅游活动的强度，即影响到生态旅游容量的大小。生态旅游规划和管理技术水平高，接纳的生态旅游者数量就会增多，承受的生态旅游活动量就大，对生态环境系统的良性循环就能起到促进作用。此外，政治局势稳定与否、社会治安状况如何，影响到生态旅游者的安全感。在同样条件下，一国或一地的政治局势、社会治安状况往往影响生态旅游业的发展程度，甚至影响生态旅游业的兴衰。

6.1.1.4 生态旅游与生态旅游系统“三体”

生态旅游环境是生态旅游系统得以存在、运行和发展的“载体”，生态旅游环境与生态系统“三体”（即主体——生态旅游者，客体——生态旅游资源，媒体——生态旅游业）之间的关系十分密切、休戚相关。

A 生态旅游环境与生态旅游者

生态旅游环境作为生态旅游系统的载体，对于吸引生态旅游者，维系生态旅游者、生态旅游资源和生态旅游业起着举足轻重的作用。在整个生态系统运行过程中，生态旅游者是生态旅游系统的主体。生态旅游者参加生态旅游的动机，绝大部分是为了追求优良的生态旅游环境。生态旅游者与生态旅游环境的关系体现了生态旅游要求返璞归真、回归自然的趋向。生态旅游者所追求的是保留着原始风貌和良好生态的旅游环境，原始的受人类影响较少的自然区域是最受国际生态旅游者欢迎的。一方面，生态旅游者以追寻、享受良好的生态旅游环境为乐趣；另一方面，由于生态旅游作为一类较高层次的旅游产品，除了一般的游览观光、休闲疗养以外，还增加了人类对赖以生存的生态环境的了解、认知，使人们热爱自然、保护自然，增强人类可持续发展意识的效果。同时，生态旅游者又是具有一定文化和生态素养的人群，因而生态旅游者往往也是生态旅游环境的保护者。可见，生态旅游环境和生态旅游者两者存在着相辅相成、相互促进的关系。

B 生态旅游环境与生态旅游资源

在生态旅游系统中，生态旅游环境是生态旅游生存之本，同时也是生态旅游发展的基础。这不仅仅体现在良好的生态旅游环境能激发生态旅游者的出游动机，还体现在生态旅游环境本身就是一种生态旅游资源，生态旅游环境直接影响到生态旅游资源储量、生态旅游资源利用效应及生态旅游废物处理效应，也间接影响到生态旅游资源的利用模式、生态旅游资源的保护模式，从而影响到生态旅游产品的开发、生态旅游业的运行与发展，如图 6-1 所示。

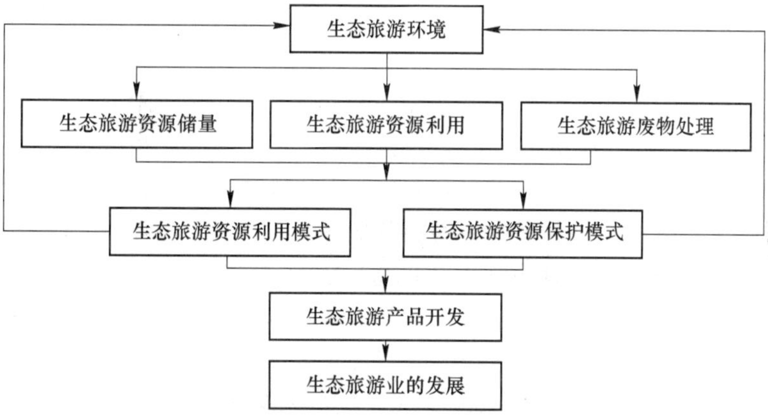

图 6-1 生态旅游环境与生态旅游资源的相互关系

C 生态旅游环境与生态旅游业

生态旅游环境会影响到生态旅游产品的开发和生态旅游业的运行与发展。同时，生态旅游产品开发的方法、理念、内容和深度，以及生态旅游业的发展状况，反过来又会影响到生态旅游环境，如图 6-2 所示。

6.1.2 生态旅游环境承载力概述

随着生态旅游的快速发展，生态较脆弱的旅游目的地出现了过度开发、环境污染、生态破坏等一系列问题，并由此引发了各国对旅游地生态承载力、旅游环境容量、可持续发展等问题的极大关注。生态旅游承载力的提出与发展，成为协调景区旅游业发展与旅游地生态环境矛盾的一种有效手段和科学管理方法。

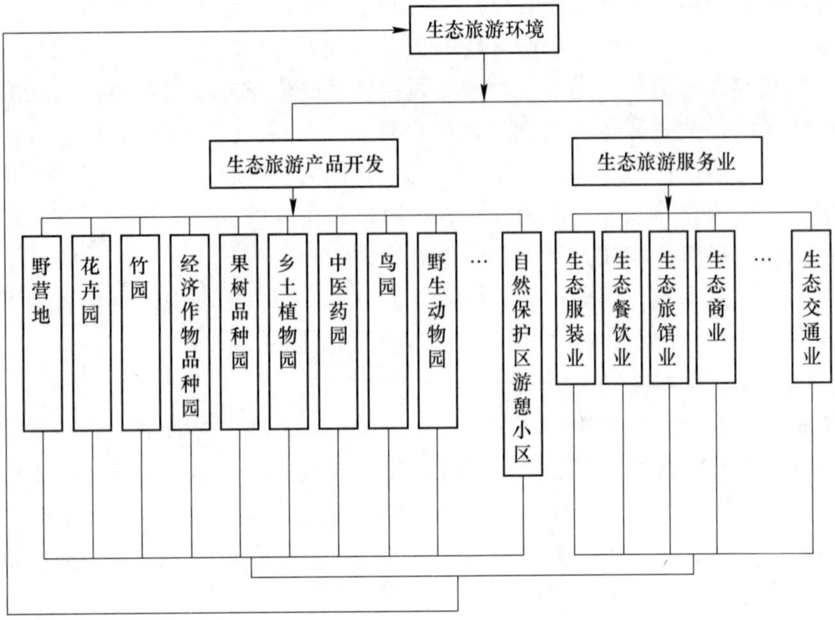

图 6-2　生态旅游环境与生态旅游业

6.1.2.1　生态旅游环境承载力定义

生态旅游环境承载力（Ecotourism Carrying Capacity，ETCC）是指一定时期某一旅游地的生态旅游活动在对其生态环境状况及系统结构不发生对当代人与后代人的影响变化，并能维护旅游地生态系统的自我调节、自我修复、自我维持的能力，它所能承受的旅游开发强度的极限值，也是旅游者与旅游地双方充分受益时旅游地所能容纳的最大游客数量极限值。因此，生态旅游承载力通常表现出“阈值”的概念，即超过了旅游地的“阈值”就会影响到景区生态环境系统功能的正常发挥及维持。生态旅游承载力是开展生态旅游区域的生态系统可承载的最大旅游活动强度，或者说是生态旅游地的生态系统结构与功能的最大自我恢复能力，以及在旅游活动强度及其产生带来影响中的最大承受能力和最大缓冲能力。

6.1.2.2　生态旅游环境承载力特征

A　客观性与综合性

生态旅游环境承载力是旅游地的生态环境、社会经济、文化心理等系统对旅游活动的承受能力。因此，对于某一旅游地而言，其生态旅游承载力是客观存在的，即在一定的时期内，某一特定生态旅游地生态环境系统的结构、特征及其功能等都具有客观存在性。由于生态旅游是一个综合性的旅游活动方式，其存在发展载体是涉及自然—经济—社会等要素组成的复合生态旅游环境系统，因此对其定性或定量的分析，都应该全面考虑分析各组成要素。一般来看，其综合性一方面表现在旅游地的综合接待能力（包括旅游地的资源空间、生态环境、基础服务设施等）；另一方面，其承载力也具有综合性，即某一景区的生态旅游承载力应是旅游地的资源空间承载力、生态环境承载力、经济承载力以及社会心理承载力等的综合表达。

B 复杂性与不确定性

生态旅游环境承载力是一个复杂的有机体系，其组成涉及众多方面，具体包含资源、生态、社会经济、文化、心理等方面的内容。因此，在对生态旅游承载力进行量化研究时，必须从多学科、多领域的交叉出发进行综合分析。同时，生态旅游承载力并非完全不变的，即它可随着影响因素或组成要素的变化而发生改变。如旅游地的自然环境状况发生了变化则会引起承载力的变化，管理体制及水平的变化也能影响承载力的大小。为此，生态旅游组成系统在机制上的演化表现出“量”和“质”的两种变动。“质”的变动表现为旅游地的生态旅游承载力体系的变化；“量”的变动则表现为指标数量的改变。另外，在定量评估生态旅游承载力过程中，还会存在很多不确定性因素的影响，从而在一定程度上影响评价测度的精确程度。

C 层次性与应用性

一般而言，一定地域范围内的生态旅游环境承载力同该地旅游经济发展的层次具有密切的内在关联性。因为旅游活动的层次不同或是内容不同可导致旅游地生态旅游承载力的表现形式有差异，并能得到不同的结论。也就是说，在不同的游览结构或面对不同的服务对象条件下，其生态旅游承载力将产生一定的差异，因此应用生态旅游承载力具有较强的实用性。

D 变异性与地域性

由于类型不同的生态旅游地的系统组成结构是各有差异的，而且它还随着人类社会的发展而发生变化。因此，生态旅游环境承载力具有很强的地域性特征。同时，不同区域的生态旅游地的自然环境与社会环境是有差别的，而且还呈现出不断变化的趋势。如随着季节的更替，生态旅游地的自然环境也会随之而变化，随着人类活动范围和强度的改变，以及景区管理水平、体制的变化，生态旅游地的社会环境也随之而改变，且这些变化将引起生态旅游承载力“质”和“量”的改变。

E 可量性与可调性

在一定的时期内旅游地生态旅游系统相对较为稳定的状况下，其生态旅游环境承载力是可以定量评估的。同时，为了实现旅游地的可持续发展，必然要让旅游开发及旅游活动尽可能少的干扰该旅游地的生态环境，为此建立涉及全面的评价体系，计算出生态旅游承载力的值。同时，通过充分了解与掌握区域生态旅游系统的结构和功能，生态旅游地的承载力是可以进行保持与改善的，即随着经济社会发展水平、科技水平及人类保护意识的不断提高，生态旅游系统的承载功能和能力可向人们期望的目标发展，这也说明生态旅游承载力具有可调性。值得注意的是，生态旅游承载力调控改善的基本前提是人类必须充分了解并掌握旅游地生态系统的特征及其变化规律，而且这种改善也必须是适度的，因此，人类对旅游地生态承载力的可控性也有一定限度。

6.1.2.3 生态旅游环境承载力分类

（1）从旅游者的活动角度看，由于旅游活动包含食、住、行、游、购、娱六个方面，因此生态旅游承载力可分为旅游资源承载力（包括旅游资源空间承载力）、生态环境承载力、交通基础设施承载力、供水食宿服务设施承载力、经济社会承载力及生活环境承载力、文化心理承载力等。

（2）从系统结构的角度看，生态旅游承载力包括自然环境承载力、社会经济承载力和游客心理承载力。

（3）从系统组成的环境角度看，生态旅游的环境系统由自然环境、社会环境与经济环境构成，因此生态旅游承载力相对应可分为自然环境承载力、社会环境承载力及经济环境承载力。

（4）根据计算承载力的时间差异可以分为瞬时生态旅游承载力和阶段生态旅游承载力，也可分为近期、中期和远期生态旅游承载力。

6.1.3 生态旅游环境承载力测定

随着对生态环境系统认识的日益深入，学者们认识到，以人（及生物）为核心的环境并非孤立存在，它通过物质的循环、能量的流动、信息的传递而联结在一起，构成了环境系统，此系统接受人类活动的影响，同时反作用于人类活动（抵抗、支持）；环境系统所能够承载的阈值取决于系统内部特征与作用机制，因此在计算环境对旅游活动的承载力时不仅仅要考虑系统纳污的能力，还必须考虑人类旅游活动对生态系统的作用，必须在评估模型中引入反映环境生态特征的指标以评估人类活动与自然环境的相互作用。部分学者从旅游生态环境承载力的概念入手，构建了相应的概念性测算模型。主要有经验量测法和理论推测法两大类，具体集中在以下几个方面。

6.1.3.1 经济承载量（DEBC）测算模型

$$\mathrm{DEBC}=\min(\mathrm{DEBC}_1,\ \mathrm{DEBC}_2,\ \cdots,\ \mathrm{DEBC}_i,\ \cdots) \tag{6-1}$$

$$\mathrm{DEBC}_i=\mathrm{SS}_i/\mathrm{DD}_i \tag{6-2}$$

式中，DEBC 为经济承载量，人/天，DEBC_i 为第 i 种经济要素形成的经济承载量；SS_i 为第 i 种要素的日供给量；DD_i 为第 i 种要素的人均日需求量。

根据国内旅游研究的实践，对经济承载量的计算主要是取得旅游目的地的各种旅游供给的数量。例如，旅游饭店床位，水资源供给、电力供给、交通运载力以及当地各种基础设施的供给等，而诸如主副食供应因其弹性较大，一般不列入限制性经济因子。然而，在应用此种测算方法的同时，我们可以发现，学者们在测算经济承载量的时候只是测定了当地经济状况所能提供的对旅游业发展的供给能力，而对这种经济状况是否取得经济效益却忽略了，这可能与我们许多研究旅游承载力容量的学者是地理方面的专家有关，从而忽视了经济学的应用。因此，我们在研究经济承载力时要充分地考虑经济规模的问题，研究此种经济规模，以及在此规模下承受的承载力是否能取得经济效益。

6.1.3.2 生态环境承载力（EEBC）

对于生态环境承载力我们须考虑两个方面的问题。第一，人们在旅游地的活动对环境所产生的负面影响，旅游地的生态系统能否自行调节，如产生的生活污水的量在旅游地水体的自净范围之内。通过水体的流动，将污染物分散到大的水体之中，污染物的浓度降低，达到相应水质所要求的指标。第二，旅游者的旅游活动对旅游地的环境产生了负面影响，在旅游地的生态系统不能自行调节的情况下，旅游地的人工处理系统能否及时地帮助生态系统消除这种负面影响。例如，旅游地的人工处理污水的能力是否有效等。对于生态环境承载力，许多学者也给出了测算公式。即便是专家们共同努力，凭借自己的经验给各种影响旅游生态环境承载力的因子确定不同的比重，测算的生态环境承载力仍然带有很大的主观色彩，对实际的旅游目的地管理的作用有限。这里，对旅游规划的后续管理来讲，我们应该做的是对旅游景区内各个景点的环境进行不间断的监控，通过数据的连续记录来测定旅游景区的旅游生态环境承载力，并以此为基础，指导旅游地的管理规划。这里需要强调的是，影响旅游生态环境的因子多种多样，需要大量的测量数据和严谨的工作态度。

6.1.3.3 游客心理承载力（VEBC）

对于游客心理承载量的研究，目前国内旅游环境承载力的测量方法很少包括此部分。对游客心理承载量的测定在旅游环境承载力测定中至关重要，因为旅游规划一个很重要的目的就是提高游客的满意度，因此，在研究旅游环境承载力时应加强对此方面的研究。每个人的心理是一个复杂的系统，旅游也是一个需要多学科支持才能进行研究的学科，心理学在旅游的研究中至关重要。应用调研法，通过设计合适的调查问卷测量在景区内不同的游客数量也是游客的满意度的一部分。在调研中，应该注意以下几个问题：第一，在设计调查问卷时要考虑到对游客基本情况的了解，例如平均受教育水平、游客的环保意识等，这样有助于我们充分的了解游客又可以便于我们调研报告的书写；第二，调研方法用的是访谈法，由经过培训的调研人员亲自到景区中去询问游客，保证调研的准确度；第三，调研的时间应该持续，包括景区的淡旺季，充分了解到不同的游客数量对游客的满意度的状况，得出准确的数据。第四，对景区内不同的景点进行测试，以便真实地得出游客的心理承载量。

6.1.3.4 居民的旅游承载力

现在，国内的规划越来越强调公众尤其是目的地居民、景区居民的参与。由此可见，居民对旅游规划起的作用越来越大，不得不考虑居民的旅游承载力。

目前国内的测算方法主要是崔凤军提出的测算模型

$$PEBC = A \cdot Pa \tag{6-3}$$

式中，A 为旅游区或其依托的居民点（城镇）面积，ha；Pa 为当地居民不产生反感的游客密度最大值，人/ha。

若居民点与旅游区合二为一，则 Pa 值较大，即当地居民对游客密度承受值较大，若居民区与旅游区基本分离但作为其依托区，则 a 较小，若旅游区与居民区不关联，则 $PEBC$ 取无穷大。对于这样的测算模型，难处也在于对当地居民不产生反感的游客密度最大值，这里也是一个心理测度的问题，因此，可以根据游客旅游承载力测量的调研方法来测量居民的旅游承载量。

6.1.3.5 旅游环境承载力

关于旅游环境承载力，很多学者的观点是根据木桶理论得到的，即旅游环境承载力是上面几个分量的最小值。然而，通过上面提到的几个旅游环境承载力的研究发现，通过取最小值得出的旅游环境承载力不能很好地平衡上述几个分量的关系。在这里，我们可以通过几方面的综合来得出旅游环境承载力。具体方法如下：首先得出生态环境承载力，并以此作为下一步计算的基础。例如，计算生态环境承载力与游客承载力的综合值。以生态环境承载力为底值，得出游客满意度最大时游客的数量。与此类似，可以得出生态环境承载力和居民承载力及生态环境承载力和经济承载力的综合值。分别标记为 evEBC、 epEBC、edEBC，然后，将 l、m、n（l+m+n=1）分别作为上述综合值的系数，则旅游环境承载力

$$TEBC=levEBC+mepEBC+nedEBC \tag{6-4}$$

式中，l、m、n 的确定由当地旅游业发展的利益相关者讨论来确定。

6.2 生态旅游环境问题及产生的原因

6.2.1 生态旅游环境问题

"生态旅游"这个概念是在 20 世纪 90 年代由国外传至我国并逐渐被接受，起步晚，经验不足，因此目前我们国家的生态旅游发展尚处于初期阶段。生态旅游建设过程中暴露出诸多问题，主要有很多开发不当行为的存在，违背了生态旅游以保护环境为目的的本质要求，导致开发出来的产品并不具备真正生态旅游的特征，甚至对自然景区的生态环境产生了严重的破坏，并对当地社会产生了负面影响。因此，从环境破坏方面反思生态旅游建设中存在的问题是当前亟待解决的任务。

综合各类研究资料，生态旅游建设中开发不当的行为对环境的破坏形式主要有以下四点。

（1）规划者缺乏合理规划意识，无完整构思，导致整体协调性的丧失。例如，某地的地理条件适合某种植被或作物的生长，规划者构想将当地打造成为以该植被或该作物为特色的生态旅游景区，从而重点培育、保护该植被或作物，而忽略地区植物和动物物种的多样性，导致固有生态的失衡。

（2）开发者被利益蒙蔽双眼，缺乏或故意忽视生态旅游的科学理念，肆意破坏自然资源，对原有生态系统形成冲击。比如开发者以绿色植被的过度开垦为代价，在当地过多兴建度假屋、旅游商店等建筑。

（3）开发者未考虑建设同环境和谐双赢的问题，缺乏足够的基础设施或基础设施的建设不规范，导致当地处理污染的能力低下。比如景区内垃圾桶的数量过少，或者数量足够但分布不合理。

（4）势力雄厚者非法开采及承包自然资源，牟取暴利。当地人民群众生产生活环境、自然环境受到不良影响却敢怒不敢言，使社区的良性互动的监督机制失衡，环境破坏成为恶性循环现象。

6.2.2 生态旅游环境问题产生的原因

6.2.2.1 规划、开发不合理

生态旅游资源开发应坚持科学理念，秉承实质要求和原则，注重原汁原味，在保持生态旅游资源本来面目的基础上对其加以规划、开发，使其尽善尽美，但实际情况并非如此。在开发过程中，某些开发商不了解当地生态系统的情况，不具备生态环境保护的相关知识，也未参考专家对自然资源进行科学合理的布局规划意见，唯利是图，过度追求眼前利益，而忽视长远的效益，出现伐木过度、伐木不当、道路房屋修建不合理等现象，致使景区被严重破坏，野生动物受到惊吓，资源消耗，水土流失，加剧"三废"污染。例如，

张家界森林公园中的武陵源景区建设游道、宾馆、索道等旅游服务设施，不但破坏了植被乃至森林资源，更不利于生物多样性的保护。

6.2.2.2 监管力度不到位，法律法规不完善

国家为保护人类赖以生存的生态环境，已经制定了相关法律法规，当地政府也制定了一些保护和惩罚政策，但由于监察力度不够，这些法律政策并不能得到有效的实施。并且，目前制定的这些相关政策仍有局限性和漏洞，不完善的制度执行起来也未必能达到良好效果。

6.2.2.3 民众环保意识薄弱

保护环境，人人有责，清新宜人的生态环境需要每个人加以爱护、参与其中，实现可持续发展。但是，很多时候，自然景区愉悦人们的同时，并没有得到人们相应的回报，他们环保意识薄弱，仅仅将旅游视为一种娱乐活动，往往忽视了自己对环境应有的责任，对旅游景区产生噪声和垃圾污染，同时对生态景区的植被、野生动物、水体和自然遗迹均造成了一定的负面影响。

6.2.2.4 污染防治措施不到位

由于生态旅游点多、线长、面广，对于景区中已经出现的各种污染和破坏的防治是有难度的，加上许多生态旅游景区的基本保护设施缺乏，垃圾更难收集、运输和处置，多数水体和植被的污染难以恢复，某些动物生活、迁徙及繁殖更是受到人们活动的严重影响，甚至濒临灭绝。此外，某些疾病的交叉传播也没有有效的防治和控制措施。

6.2.2.5 环保教育投资不足

生态旅游发展迅猛，现阶段的知识普及和宣传教育活动不够全面、系统，尚不能满足生态旅游业发展的需求。况且不同的游客本身接受教育的程度、从事的职业方向及在社会中扮演的角色不同，这在一定程度上决定了他们对资源开发与利用的认识以及对环境保护所做出的贡献不同。再上升一个层面，游客环保意识薄弱实际上揭示了国家对环保教育重视不够、投资不足的现象。

6.2.2.6 景区管理不到位，游客超载

有些景区为利益驱动，忽视景区本身的游客承载能力，旺季游客大量的涌入极大地超出生态旅游景区所能承受的范围。例如，衡山绝顶祝融峰总面积477m^2，按照平均每个人8m^2，游览15min，每天开放12h计算，日合理的环境容量为2862人/天，而实际上每年旅游旺季（7~10月），日均游人为4600人，人均占地仅5m^2，游人最多的时候高达一天3.1万人次，人均占地仅0.73m^2。可见，人流超过了环境的正常允许限度，就必然会产生对旅游环境的污染和破坏，而且也存在着危及游客人身安全的隐患。

6.3 生态旅游环境管理措施

近年来，由于人们生活水平的提高，社会、经济和科技等方面的发展，人们逐渐从传统的大众旅游中脱离出来，转而向更高层次的旅游方式——生态旅游。它以回归大自然为基调，以保护自然资源、自然环境、促进区域社会和谐发展为目的，提倡人们在保护环境的过程中感受大自然的美丽。良好的生态环境是旅游发展的基础和前提，然而在当前

国内的生态旅游发展中还存在着诸多生态保护问题，生态旅游发展的可持续性受到威胁。要使生态旅游获得良性发展，需要各部门联动，全社会参与进来共同维护生态旅游环境。

6.3.1 政府部门

政府部门应制定并健全环境保护和生态保护方面的法律法规，走依法保护旅游资源的道路；旅游管理部门应与旅游经营部门紧密配合，加强合作，共同实施生态旅游环境管理战略；执法部门和监管部门严格执法违法行为，对破坏生态环境的行为起到约束的作用，并且奖赏对环境保护做出贡献的群众。

旅游管理部门应加强对景区旅游经营者的管理，要求经营者慎重选择旅游目的地，精心编排旅游路线，严格控制旅游团的人数，培养和造就景区管理的专业队伍。督促教育部门加大对环保教育的投资力度，使环保知识普及到广大民众，定期做好社区的环保宣传工作；政府还应对生态旅游产业做好宏观统筹规划的工作，使其朝向稳定可持续的方向发展。

6.3.2 生态旅游区

生态旅游区以生态指标、环境质量指标、设施指标、游客感应指标和客流分布指标为依据，根据旅游淡季和旺季景区承载能力合理调整票价、票量，确定生态旅游区每天总旅游容量，管理生态旅游区的设施建设，使旅游活动的开展与自然生态环境维持平衡，确保生态旅游区环境的正常循环。

另一方面可结合生态技术，增强对景区污染的处理和治理能力，及时有效使被破坏的生态环境得到恢复；培养高素质导游和管理人员，引导游客走环保旅游的道路。

生态旅游区必须要求从全局出发，对生态景区的开发和生态旅游的发展做合理的规划，强调旅游基础设施的建设，拒绝以破坏环境为发展的代价，着眼当下展望未来，使自然资源不仅满足当代人民的物质文化需求，更要造福子孙后代；走合法道路，坚决抵制非法承包牟取暴利的行为。

6.3.3 工业企业

企业应自觉停止向旅游景区排污，加强污染物处理设施建设。新《环保法》加大了对污染企业的打击力度，对拒不执行停止建设、停止排污决定及采取逃避监管的方式违法排放污染物的企业，一律移送相关部门查处。

6.3.4 旅游者

旅游者应主动提高自身的环境保护意识，培养良好的环保习惯，明确自己在环境保护中的责任保护珍稀动植物，避免在建筑物、岩画、古雕像上随意刻画，以免造成文化景观的破坏和旅游活动的视觉污染，做到文明出游；监督并揭发破坏生态环境的丑陋行为，对不法开发商、不尊重生态平衡的群众起到制约的作用；与政府相关部门和景区进行良性互动，反馈意见，促进其作为和进步；努力学习环保知识，开发有效的环境污染治理技术，为生态旅游建设贡献力量。

教和宣传，不像生态旅游要求的那样，必须以实际行动履行自己的环保义务，并以此作为区别生态旅游与自然旅游的标准之一。例如狩猎旅游，可以是自然旅游，不符合生态旅游的标准；但如果狩猎不仅按照狩猎的规定参与此项活动，而且愿意拿出一部分资金来支持恢复动物生存区的工作，那么这类狩猎行为就具备了生态旅游的性质。以观鸟旅游来说，虽然这一活动本身并不破坏和干扰鸟类活动，但若是仅限于观赏、体验之类的活动范围，而无维护鸟类栖息环境的实际行动，也不能算作是生态旅游。由此可见，能否为保护生态环境做出贡献，是衡量游客是否是生态旅游者的基本标准。

另外，生态旅游不仅要求旅游者具有较高的环保意识，生态旅游经营者也应具备这种素质。从事生态旅游的经营商，应是一个懂经济的经营者，更应是一个“虔诚”的环境保护者，保护环境是他们应该始终坚持的经营原则。当其获取经济效益的手段、方式与环境保护发生冲突时，应毫不犹豫地舍弃经济利益而保留生态环境。

7.1.2.3 生态旅游市场正在成长且发展很快

生态旅游是一项特种旅游，特种旅游是一种细分的市场，它的发展已成为旅游市场发展的主流。生态旅游市场的成长是人们的主要兴趣与自然环境和传统文化相关的产物，他们往往被边远的尤其是敏感的地区所吸引。这表明生态旅游市场是一种正在成长且发展很快的旅游市场，随着生态教育的加强，特别是城市化和现代化进程的加快，必将逐渐扩展。

7.1.2.4 生态旅游的开展主要在偏远、敏感的地区，消费较高

按照生态旅游在空间上的分布特点，它主要集中于敏感、偏远的地区，包括原始森林、内陆草原、海滨湿地、地球两极等难以到达的生态敏感区。在这种地区开展生态旅游业，尤其要精心规划和管理，即使只有很少的游客对这种旅游感兴趣，也应对他们提出更高的要求，只有这样，才能在保护环境和文化的同时，为偏远地区带来好处。到偏远地区旅途长，消费支出较高，因此目前参加偏远地区生态旅游的游客，大多是经济富裕者，这和大众旅游形成了明显的反差。

7.1.2.5 国家公园和保护区是生态旅游的主要场所

目前，国家公园和保护区是生态旅游的主要场所。一个国家划作国家公园和保护区的面积标志着该国对自然景观保护的承诺水平，也是该国发展生态旅游的重要基础和条件。所以，保护区和国家公园数量和面积的多少在一定程度上反映了一个国家的生态旅游发展水平。

7.1.3 生态旅游市场发展状况

7.1.3.1 生态旅游市场建立的类型

在20世纪80年代末，人们开始热衷于自然旅游。自然旅游把培养对大自然的爱心与返璞归真、回归自然结合起来，受到大众旅游者的青睐。后来，随着传统的自然旅游的深入发展，人们感到只突出感受自然、认识和了解自然而不注重保护生态环境的自然旅游，使许多优美的风景资源和环境遭到了污染和破坏。人们开始寻找一种有利于保护生态环境的新的旅游形式，于是一系列新的旅游活动项目应运而生，其中以自然旅游为基础，对环境负责的生态旅游受到了人们的普遍关注。生态旅游市场的建立大致有两种类型。

A　由发展中国家被动发展起来的

这种被动发展起来的国家拥有开展生态旅游的丰富而独特的资源，是开发自然旅游和生态旅游的先驱。

非洲的肯尼亚和南美洲的哥斯达黎加。这些国家拥有开展生态旅游的丰富而独特的资源，是开发自然旅游和生态旅游的先驱，他们建立生态旅游市场是迫不得已的。肯尼亚，这个以野生动物数量大、品种多而著称的国家，自 20 世纪初起，就深受殖民主义者发起的野蛮的大型动物狩猎活动之苦。1977 年，迫于民众的强烈意愿，政府宣布全面禁止狩猎。1978 年，肯尼亚将交易野生动物列为违法犯罪行为，一些失业者依靠国内丰富的生态资源，通过开展旅游活动来谋生，并提出“请用相机拍摄肯尼亚”的口号，肯尼亚的生态旅游业由此而生。1988 年以来，旅游收入首次超过咖啡和茶叶的出口收入，成为该国最大的外汇收入来源。1989 年，肯尼亚吸引的生态旅游者达 65 万人次。2019 年，肯尼亚旅游收入为 1630 亿肯先令（合 13 亿 9 千多万美元）。

哥斯达黎加开展生态旅游是为了保护森林。为了发展农业，哥斯达黎加人民大量砍伐树木，结果造成了严重的水土流失。为了改变这种状况，哥斯达黎加从 1970 年开始先后建立了 30 余个国家公园及保护区，开始发展以保护森林为特点的生态旅游活动。为确保这一旅游活动的正常进行，该国制定了严格的法规，并成立了监督这些法规执行的专门机构。旅游业收入自 1995 年以来成为哥斯达黎加最主要外汇来源。2012 年至 2016 年，旅游业由占国内生产总值的 4.4%增长至 6.3%。2019 年，旅游业创造外汇 40 亿美元，创造 21.9 万个工作岗位，占所有行业的 8.8%。据调查，约有 36%的人到该国旅游是因为看中了生态旅游这一形式。

B　由发达国家主动发展起来的

主动发展模式的代表是美国、日本、澳大利亚、新西兰等国，这些国家基于国内生态旅游市场需求的不断扩大，主动培育从事生态旅游产品开发和经营的企业，为保护生态旅游发展制定了法规、条例和规范。

1872 年美国国会正式批准成立了世界上第一个国家公园——黄石国家公园，开始了以游览国家公园为主体的生态旅游，每年有上千万“自然旅游者”到那里游览。在之后很长的时间内，许多国家先后创建了大大小小的国家公园。

黄石公园地处号称“美洲脊梁”的落基山脉，总面积 8987 平方公里。公园自然景观有以石灰石台阶为主的热台阶、大峡谷、瀑布、湖光山色、间歇喷泉与温泉等。黄石公园还是一个野生动物的乐园，其中属于世界珍稀动物的有北美野牛、灰狼、棕熊、驼鹿、麋鹿、巨角岩羊、羚羊等。美国的黄石公园是世界上国家公园管理的典范，它在资源与环境保护、科学研究、宣传教育、员工招募、资金运作等方面为我国的资源保护型旅游景区的管理提供了许多有益的借鉴。

事实证明，生态旅游市场在一些发展中国家和发达国家的悄然兴起，是社会经济文化发展到一定阶段的必然产物，尽管这一市场尚未成熟，但从占全球旅游业份额 3%～7%的数字看，它是很有发展前途的，这是生态旅游发展的重要基础。

7.1.3.2　我国生态旅游市场的发展

我国是发展中国家的代表，随着社会经济及国民受教育程度地提升，生态旅游市场发展迅速。1982 年，我国第一个国家森林公园张家界森林公园正式建立，为国内生态旅游发展拉开了序幕。截至 1997 年底，我国共建立了 926 个以长白山、神农架、西双版纳、武夷山和湖南洞庭湖等名山、湿地为代表的自然保护区。在发展生态旅游的同时，由于对生态旅游资源的粗放式开发和盲目利用，风景区生态环境系统失调、风景名胜区环境污染严重。

在经历过张家界、九寨沟的前车之鉴后，我国逐渐重视生态保护，如何实现生态保护和旅游业发展的双赢引起了政府和业界的重视，一系列研讨会的召开使我国政府认识到生态旅游对我国旅游发展的深刻意义。1999 年，我国政府以在我国举办世界园艺博览会为契机提出了“生态环境游”主题活动年，推出野生动物主题游、保护环境主题游、沙漠探险主题游等 11 类专项生态旅游产品，同时开发生态旅游森林公园 119 个，风景名胜区 7 个，生物圈保护区 19 个，植物园 11 个，更建设了以香格里拉、呼伦贝尔为代表的一批生态旅游区。

2021 年 10 月 12 日，第一批国家公园正式设立。三江源、大熊猫、东北虎豹、海南热带雨林、武夷山 5 个国家公园成为我国首批国家公园。2021 年，我国林草系统生态旅游市场的游客量为 20.83 亿人次，同比增长超过 11.5%，超过国内旅游人数的一半。2020 年，受新冠肺炎疫情在全球持续蔓延的影响，近郊亲子游、家庭游增多，游客越来越重视对于自然生态环境与个人健康的追求，注重精神愉悦、亲子陪伴、释放压力等的短途、近郊游拥有巨大市场需求，自然生态景区从疫情中脱颖而出。

7.2 生态旅游市场开发

7.2.1 生态旅游市场目标定位

生态旅游市场主要定位于三类人群。

（1）富有的、身体健康的老年人。生态旅游价位高，一些富有的、身体健康的老年人成为生态旅游的积极参与者。这些人退休后身体还健壮，他们经常参加旅游，而又对传统的旅游方式感到厌倦，趋向追求原始、自然的旅游。随着城市人口老龄化，富有的老年人将成为未来生态旅游市场的主要目标。

（2）有环境保护意识的中年人和中产阶级。他们经过 20 世纪 80 年代的环保热潮的熏陶，有着较强的环保意识，且文化素质较高，对保护生态环境很关心。

（3）具有自由主义思想的年轻人。他们受过现代教育，十分关心环境问题。他们有较长的假期，喜欢冒险。他们渴望一种能从繁杂、压抑的生活中获得解脱的旅游方式，生态旅游是他们的最佳选择。

总之，生态旅游将以其特殊的魅力，吸引那些对生态体验感兴趣，而又对保护环境和文化有责任心的人参与到这种独特的旅游形式中来。

7.2.2 生态旅游市场调查

生态旅游市场调查就是以科学的方法、客观的态度，有效地收集和分析与研究生态旅游市场营销有关的问题所需的信息、资料，了解现实生态旅游市场和潜在生态旅游市场，为生态旅游经营决策者提供客观依据的活动。通过生态旅游市场调查，能够了解生态旅游市场总体态势和游客对规划区域生态旅游产品的需求状况，为规划者提供第一手材料和可靠信息，并为充分利用旅游资源寻找客源市场和途径。生态旅游市场调查的主要内容有以下几点。

7.2.2.1　生态旅游者规模及构成调查

生态旅游者规模及构成调查包括：经济发展水平与人口特征；收入与闲暇时间；生态旅游者数量与消费构成，生态旅游者消费水平及构成和逗留时间等；生态旅游者对生态旅游产品质量、价格、服务等方面的要求和意见等。

7.2.2.2　旅游动机调查

旅游动机是指促使一个人出去旅游、选择何种旅游方式的内在心理原因。生态旅游是回归大自然的旅游，由于回归大自然的原因有多方面，加上人的文化背景、社会环境、家庭情况、个人特征、身体状况各不相同，因而旅游动机是多类型的。

7.2.2.3　旅游行为调查

旅游行为是生态旅游者旅游动机在旅游过程中的实际表现。生态旅游行为调查就是调查客源地生态旅游者何时旅游、何处旅游、由谁决策旅游及生态旅游方式如何。由于生态旅游者的旅游行为是指带有环境意识的旅游行为过程，因此旅游行为调查还包括对生态旅游者环境意识的调查。

7.2.2.4　旅游价格调查

价格高低与旅游需求密切相关，应随时摸清价格变动趋势及其对生态旅游者的影响情况。旅游价格调查包括：生态旅游产品定价是否合理；生态旅游者的价格心理状态如何，生态旅游产品价格的供给弹性和需求弹性；新开发的生态旅游产品如何定价；与其他类型旅游产品的价格比较等。

7.2.2.5　生态旅游市场规模的调查

市场规模调查主要包括：生态旅游者占总旅游者的比例；生态旅游者的活动空间；生态旅游者的总活动时间；生态旅游者的动机及生态旅游者的收入等。

7.2.3　生态旅游市场开拓

生态旅游是一种涉及人类生存环境的特殊旅游形式，开发这类旅游项目涉及旅游供给方、需求方、开发商、管理部门、相关行业、旅游地居民、旅游硬件设施和软件环境等多方面的因素。因此在开发生态旅游时，应建立从试点到面上铺开、循序渐进的市场培育机制。主要的准备工作如下。

7.2.3.1　培养素质高、责任感强的生态旅游者群体

生态旅游者不仅要热爱大自然，愿意返璞归真，而且应当具有很高的环境保护意识和文化知识素养，同时还应用实际行动履行保护与改善环境的义务，在西方文献上称这种人为“负责任的旅游者”。实际上，热爱大自然的人比较多，而懂得保护环境、自觉履行保护生态环境义务的人却相当有限。针对这种状况，在开展生态旅游时必须进行有效的宣传，说明生态旅游的实质、特点及需要注意的事项，加强培养符合生态旅游条件、具有高素质和高度责任感的旅游者群体。

7.2.3.2　培养既懂旅游开发经营又懂保护环境的高素质开发商

生态旅游的发展需要借助于生态资源，以及对这些资源进行开发所形成的可以向市场

销售的生态旅游产品。和其他旅游资源不同的是，生态旅游资源更加脆弱，对它的开发必须讲科学性，要采取一切措施维护生态平衡，真正落实“在保护的前提下开发，在利用中保护”的原则。生态旅游开发商必须懂得只顾经济利益和眼前利益的急功近利的做法难以保证旅游业的可持续发展。因此，培养一支既懂旅游开发经营又懂保护环境的高素质的开发商队伍，是建立生态旅游市场的重要条件之一。

7.2.3.3 培养对环境保护有诚意的经销商

任何旅游经销商都是在向旅游者提供服务的过程中获得经济利益的，作为生态旅游产品的经销者，不仅应当是懂经济的行家，而且应当是热衷于环保的自然保护主义者。这种保护不应是口头上的说教，而应是真实的行为，一旦经济利益和环境保护之间出现矛盾和冲突时，应把环境保护放在第一位。目前，一些专门经营生态旅游的旅行社在组团出游时，非常注重对旅游者进行环境教育，向旅游者讲解注意事项，分发自己编印的生态旅游“行为规范”和“行动指南”，通过一切手段提高旅游者的环境保护意识，以此表明自己是一个对环保有诚意的生态旅游经销商。

7.2.3.4 建立健全生态旅游管理体制

为了保障生态旅游市场的正常运转，除了开发商、经销商和旅游者共同配合外，还需要有一个健全的生态旅游管理机制，包括由各部门组成的协调管理机构、能够在各环节行使监督和检查职能的高素质人员及规范企业和个人行为的管理条例和法规等。所有国际组织制定的开展生态旅游的标准、条例及一些行业组织制定的行为规范都应当纳入本行业的管理机制中，并以通告形式向社会公布。

7.2.3.5 取得生态旅游目的地居民的理解和支持

生态旅游除了保护环境这一目的外，还有一个重要原则，就是通过生态旅游的开展使当地居民真正在经济上受益。许多经验证明，让旅游地居民参与生态旅游区的管理和服务，如在导游、卫队、环卫、宿舍管理、餐厅服务、工艺品加工等方面为他们创造更多就业机会，使他们的生活得以改善，会直接和间接地引起他们对环境保护工作的重视，激发他们参与环保的积极性，减轻因对资源需求而破坏环境的压力。当然，当地居民参与管理和服务必须经过严格培训。

7.2.4 生态旅游市场营销

生态旅游市场营销是对旅游市场营销的继承和发展，它是在可持续发展思想和社会市场营销观念指导下的旅游绿色营销。生态旅游市场营销是连接生态旅游产品与生态旅游市场的基本环节，也是生态旅游经营管理的中心环节。

7.2.4.1 生态旅游产品营销的内涵与范畴

A 生态旅游产品营销的内涵

营销是规划和实施的一种理念，是商品和服务的设计、定价、促销、分销以实现个人和组织目标的交换过程。它包括两方面的内涵：第一，它是一种哲学、一种态度、一种预见、一种理念或一种以顾客满意为导向的管理模式；第二，它是用来实现这种哲学的一系列活动。

（1）向生态旅游团分发事先准备好、具有艺术形式的宣传促销材料；

（2）准备好生态旅游视听演示材料，并巧妙地确定其使用时间、地点和有效方法；

（3）在生态旅游者所在地区的杂志、报纸和电视、广播电台做广告，针对特定目标市场进行宣传促销；

（4）在以旅游批发商和其他旅游行业组织为对象的旅游行业出版物上刊登生态旅游广告；

（5）参加全国和地区旅游交易会，并设展台专题介绍本区的生态旅游项目；

（6）赴特定的生态旅游目标国家和地区，为当地的旅行社举办推销讲座；

（7）邀请并接待旅游批发商和旅游作家、专家、摄影师来本地参加生态旅游活动或学术研讨会，将活动内容及照片刊登在杂志、报纸上（这是一种既有实效又花费不多的促销方法）；

（8）编辑出版反映生态旅游的旅游指南、导游图等；

（9）把有关生态旅游的信息存入国际、国内传播网络，供生态旅游者随时查阅，有关信息务必避免科学性错误、夸大其词及模棱两可的言辞。

7.2.4.6 生态旅游产品营销手段

从全世界看，生态旅游已发展成为一门完整的学科，有一套自身的理论及相应的操作技术。

在我国，生态旅游才开始兴起，大多数人还不了解旅游产品的宣传对营销工作的重要性。要抓住各国政府对环境问题的重视，各界人士对维护生态平衡的关注，及城市居民回归自然的心态，结合科普教育、文艺创作，开展大力宣传。生态旅游产品也是一种商品，必须将观念转变到市场经济中来，营销方式要有灵活多样的手段。简单概括起来有如下几类：

（1）被动销售，即等待游客上门；

（2）主动销售，上门直销，组织生态旅游团；

（3）寄存销售，将自己的旅游产品纳入其他旅游销售中去；

（4）淡季经营法，开辟多种游憩活动；

（5）预售法，预约登记进行销售；

（6）优惠法，使用月票、年票吸引固定游客；

（7）组织俱乐部，如体育锻炼组织、文艺活动组织等。

在营销中，价格是调节客源的杠杆，采用合适的旅游价格，做好价格执行政策，如弹性价格和灵活价格，都是非常重要的。要做好市场调查，抓住人们的心理，分析各类、各层次游客的需求进行定价，过低过高都会影响效益。

7.3 生态旅游市场展望

随着越来越多的政府部门、研究人员、企业、当地居民、非政府组织等介入生态旅游的实践与探索，生态旅游的概念不断清晰、完善。在对诸多成功或者失败的案例进行分析的基础上，人们对生态旅游的认识也越来越深入，展望未来，生态旅游市场会朝着以下方向发展：

（1）针对客源市场细分化的特点，将出现大量旅游市场研究机构，其信息渠道广泛，成为旅游企业和行业管理部门开展工作的“智囊团”；

（2）旅游企业行为生态化，生态旅游标识的认证将受到旅游企业普遍关注，他们将普遍采用对环境影响最小化的设施和新技术；

（3）各国注重生态旅游人才的培养，旅游院校先后开展生态旅游方面的专业或课程，生态旅游目的地生态向导将越来越多，他们兼导游和环境保护宣传者于一身；

（4）绿色营销的理念被广泛应用到生态旅游业及其相关产业中，利润不再是企业追求的唯一，将环境和生态保护列为企业经营的目标之一，绿色环保意识融入产品开发设计、生产、销售等各个环节；

（5）国家旅游管理机构针对国内外旅游市场的整体促销战略和活动中，越来越重视包括中小型生态旅游公司以及以社区为基础的和以非政府机构为基础的生态旅游经营活动的宣传；

（6）在国家旅游组织和主要旅行和非旅行公司之间经营的合作性日益突出，地区销售组织和行动在国与国之间将增加。

8 生态旅游规划

8.1 生态旅游规划概述

以工业化为依托的城镇化出现了环境污染严重、生态系统退化等诸多情况。旅游作为无烟产业和绿色产业，在生态文明下的城镇化建设过程中被寄予厚望。生态旅游规划可以降低能耗和物耗，保护和修复生态环境，实现绿色发展、循环发展、低碳发展，推进新型城镇化，最终促进美丽中国的实现。

8.1.1 生态旅游规划定义

生态旅游规划（Ecotourism Planning）是旅游规划发展的高级阶段，对生态旅游开发与建设具有重要意义。生态旅游规划是涉及生态旅游者的旅游活动与其环境问题相互关系的规划，是在调查研究的基础上，根据旅游规划理论与生态学、环境学、生态伦理学等的观点，将旅游者的旅游活动和环境特性有机结合起来，通过对未来生态旅游发展状况的构想与安排，进行生态旅游活动在空间环境上的合理布局，寻求生态旅游业对环境保护和人类福利的最优贡献，保持生态旅游业永续、健康的发展与经营。

与一般旅游规划相比，其区别主要是：强调适宜的利润和回报，但最强调维护环境资源的价值；它不去满足旅游者的所有要求，而是有选择地满足；它不仅考虑当前旅游活动的规模、效益，而且还为未来的旅游发展指明方向，留出空间；它是涉及旅游者的旅游活动与环境间相互关系的规划，因此将旅游活动、当地居民的生产活动与旅游环境融为了一体。

8.1.2 生态旅游规划特点

了解生态旅游规划的特点，有助于我们更深刻地领会其本质，规划出符合生态旅游特点和要求的蓝图。生态旅游规划除了具备一般旅游规划的特点，如决策的科学性、内容的综合性、发展的预见性、成果的政策性和实践的可操作性等外，还具有以下三个显著特点。

8.1.2.1 生态性

生态旅游目的地是多个生态系统的综合体，各生态因子是相互关联、相互依存和相互制约的，是遵循生态学的规律进行物质循环和能量转换的，其中一个因子发生变化，就会引起系统内的其他因子产生连锁反应。一般情况下，自然界生态系统具有较强的自动校正平衡能力和自我调节机制，一定程度上能够抵御和适应外界的变化。如果生态旅游者和开发者对生态旅游区生态系统的干扰超出其自我调节阈值的上限，旅游环境就会受到破坏。因此在生态旅游规划中，应注重运用生态学规律，合理利用自然生态系统，保持其稳定性，从而使生态环境和生物多样性不被破坏。

8.1.2.2 特色性

生态旅游目的地，一般是生态环境相对原始、地方文化氛围浓郁的地区。旅游者在生态旅游活动中，期望在与自然环境和谐共处中获得具有启迪教育和激发情感意义的美好体验，特别愿意到一些野生的、受人类干扰较小的原生自然区参观游览。所以，生态旅游目的地的规划，一定要充分发挥其生态旅游潜力，把握自然生态系统的特征，挖掘其文化的内涵，开发出适销对路、特色鲜明的生态旅游产品，展现出地方资源的特色。因为“越是民族的，越是世界的”“越是地方的，越是全国的”“越是原始的，越是奇妙的”，要扬长避短，在现有资源上动脑筋、费心思，化腐朽为神奇，才能在激烈的市场竞争中保持自己的特色，站稳脚跟。

8.1.2.3 整体性

生态旅游追求的是社会、经济、生态三个效益的最大化，保证生态旅游目的地社会、经济、环境协调发展。因此，生态旅游规划应从系统论的观点出发，认真分析生态旅游活动与环境承载力、生态旅游业和社会经济发展与环境保护的关系，有效协调生态旅游目的地生态系统与其他系统间的相互关系，全面考虑生态旅游规划所涉及的因素，实现整体优化利用。

8.1.3 生态旅游规划内容

生态旅游规划的内容目前还没有统一的标准和规范，而且不同的规划层次其内容也不一样。对于区域性的生态旅游规划而言，主要是强调战略性与宏观性，以发挥政府在生态旅游发展中的重要作用。对于生态旅游区规划而言，由于其是开展生态旅游活动的旅游目的地的统称。规划内容主要包括背景情况介绍、产品系统规划、支持系统规划。其中，背景情况是生态旅游规划的前提基础，产品系统规划是生态旅游规划的灵魂和核心，配套设施系统规划则是实现产品系统规划的有力保障，这三部分内容相互联系，缺一不可。

8.1.3.1 背景情况的介绍

对生态旅游地的基本现状（包括自然地理概况、社会经济状况、生态环境质量等）、生态旅游资源的规模与质量、开发建设条件、规划的理论依据与指导思想逐一分析说明，以提供规划的基础理论与数据，为更好地理解规划思路奠定基础。其中主要是对资源、环境的研究。资源是基础的基础，因此首先要对它的类型、质量、数量、分布进行分析和评价。资源的特色和环境特点决定区域特征，其中资源特色是主要因素，同相邻地区资源环境条件进行分析比较，找出自己的特殊性资源、优势资源。只有这样，产品才有竞争力。其次是区位优势分析，一方面分析旅游资源品位及其使用的功能和效益；另一方面就是旅游区的区域背景。比如，墨西哥政府选择坎昆（Cancun）作为旅游度假的最佳地点，正是考虑到坎昆地区的区位优势和资源优势：第一，坎昆具有优越的海滨环境，包括气候条件、海水及其功能特征、海滩和海岸带地形地貌特征和海岛岩礁等；第二，该区具有世界级的人文旅游资源——玛雅文化遗址；第三，该区邻近加勒比海地区客源市场，可以有效地吸引和分流加勒比海地区的客流。

8.1.3.2 生态旅游产品系统的规划

生态旅游产品系统是指生态旅游区内开发的对生态旅游者具有吸引力的，满足各种旅游需求的吸引物体系，包括景区、景点、娱乐设施等有形实体的设置和社区形象、民族文化等无形吸引物的挖掘，以及这些吸引物通过空间组合形成的专项旅游活动。生态旅游产品系统规划应结合规划地的自然地理特征、社会经济特征，还要结合生态旅游者的旅游动机与出游规律，力求供需一致。所以生态旅游规划的中心任务，就是从市场和资源出发，设计出有特色、有新意、有竞争力的产品。产品的物质保障是项目，项目是产品的载体，产品与项目结合，才能使区域有生产力。为了使旅游产品在市场有竞争力，所上项目必须是特色项目、垄断性项目、精品项目和规模项目。

8.1.3.3 配套设施系统的规划

生态旅游活动离不开配套设施的支持，配套支持系统是保证生态旅游活动顺利进行的基础，同时起着协调生态旅游与环境保护之间关系的作用。生态旅游配套支持系统主要包括保护工程规划（含生物资源保护、景观资源保护、生态环境保护、安全工程），基础设施规划（包括交通、能源、通信、金融、供水、排水、环保等），服务设施规划（包括餐饮、住宿、娱乐、购物、医疗、标牌等），组织管理规划（主要有管理体制、组织机构、机构设置、开发建设策略等）和投入产出分析（包括投资概算与效益分析）。

8.2 生态旅游规划要点

8.2.1 生态旅游规划要求

8.2.1.1 要有环境保护的责任感

与传统的旅游活动相比，生态旅游的最大特点就是其保护性。由于规划工作的前瞻性与指导性，因此必须把对生态环境保护及景观资源的可持续利用体现在生态旅游业的方方面面，对生态环境、景观资源进行优化规划，规范旅游者的行为。

8.2.1.2 要多学科地参与和合作

生态旅游规划内容的综合性特点揭示了生态旅游规划必须是多学科综合研究的成果，涉及许多相关学科，如旅游学、生态学、环境学、地理学、林学、建筑学、美学、民族文化学、历史学等。只有不同学科取长补短，通力协作，不断交流信息、技术与方法，充分发挥不同专业在规划中的作用，才能取得满意的效果。

8.2.1.3 要有长远的眼光

生态旅游规划的制定要有一定的灵活性和科学性，要有长远的眼光，克服短期行为，以便在将来事物发生变化时，可以对规划进行修改和纠正或重新编制。如果缺乏长远眼光，若要重新编制规划以及实施规划，付出的代价是很高的，因为可能要否定过去不合理的建设而重新建设，浪费大量人力、物力和财力。

8.2.2 生态旅游规划原则

旅游规划是对已经科学评价过的各类旅游资源做出全面系统地安排，其目的是为了更加合理有效地利用旅游资源，使潜在的旅游资源转化为旅游业利用的现实旅游景观和产品。

开展生态旅游规划必须考虑的主要因素包括：旅游资源的状况、特性及空间分布；旅游者的类别、兴趣及需求；旅游地居民的经济、文化背景及其对旅游活动的容纳能力；旅游者的旅游活动以及当地居民的生产和生活活动与旅游环境相融合。

生态旅游的规划除适用一般自然旅游区的规划原则外，还特别强调以下原则。

8.2.2.1 保护优先原则

在自然区实行严格的保护措施，以保护动物、植物和生态系统。

8.2.2.2 容量限制原则

根据旅游地的面积、特点和可进入性等条件及旅游地居民的经济、文化背景及其对旅游活动的容纳能力，精心测算最佳游人容量，建立环境容量标准，以防过度开发旅游资源和游客对环境的过度使用。采取经济手段（必要时用行政和法律手段）调节游客流量。

8.2.2.3 市场导向原则

以客源市场为导向，以生态旅游资源为基础，寻找两者之间的最佳结合点，设计适销对路的生态旅游产品。

8.2.2.4 特色性原则

生态旅游地要因地制宜，突出特色，防止雷同，尤其要防止低水平的重复开发。

8.2.2.5 分区规划原则

对生态旅游目的地进行功能分区，对不同功能的保护区实行不同级别的保护。

8.2.2.6 适度开发原则

在环境适合的地方，开发小规模的旅游设施；设计要以本地情况为基础，使用本地的建筑材料、节能设备，对废弃材料进行适当处理。

8.2.2.7 环境管理原则

为游客和旅游团组织者准备并分发生态旅游行为准则手册，监督生态旅游对环境的影响。

8.2.2.8 法律保障原则

对重要生态旅游区的开发建设制定法律法规。

8.2.2.9 整体优化原则

要求旅游规划在追求经济效益最大的同时注重社会效益和生态效益，保持三大效益的综合平衡，不能顾此失彼。生态效益是根本前提，社会效益是最终目的，经济效益是直接动力。经济效益与生态效益发生矛盾时，一时的经济效益要服从长远的生态效益。生态旅游规划应与当地的社会经济持续发展目标一致。为旅游者设计的旅游活动，及旅游开发后当地居民的生产和生活活动的变化应与生态环境相融合。

8.2.2.10 可持续发展原则

为保护珍贵的生态旅游资源，对其进行开发规划时要贯彻可持续发展的原则和理念，保证同代人和代际之间的公平性，实现代内公平和代际公平，实现生态旅游资源的可持续利用。

8.2.3 生态旅游规划的类型

8.2.3.1 从规划内容的性质来分

从规划内容的性质来分主要有生态旅游发展战略规划与生态旅游规划设计。前者是从全局和宏观上指导生态旅游的发展问题，综合考虑整体利益，解决战略目标与战略行动问题，明确其在旅游业与整个国民经济中的地位，并要求制定相应的政策和法规，以保证健康、持续发展；后者是具体的生态旅游建设，注重可操作性，对生态旅游景区、景点的建筑风格、功能布局做出规划设计，追求人与自然的和谐统一，并有相应的基础设施建设规划，以支撑规划目标的顺利实现。

8.2.3.2 从范围和层次来划分

从范围和层次来划分可以有全国性、区域性、目的地、景点等不同层次的生态旅游规划。区域并非一个明确的概念，一般认为，区域是一个均质性的空间范围，它是根据某些特定指标划分的。地球表面的任何分段和部分，如果它在这种地区分类中是均质的，它就是一个区域。它是选择某些具有地区意义或地区问题的现象，并排除一切无关的现象所形成的。区域生态旅游规划常常是跨国界的，为了保护好自然生态系统，如国际河流所形成的流域生态系统，如果在开展生态旅游时不统一规划，就很难达到环境保护的目的，如果上游所在国的植被受到破坏，就会对下游国的水质产生不良影响。

区域生态旅游规划综合性、地域性很强，它是国家生态旅游规划的基础，同时由于国家生态旅游规划与区域生态旅游规划在性质、内容、方法上基本相同，只是范围与内容的详细程度有所区别，所以也可以把国家生态旅游规划与区域生态旅游规划并为一类，这样可将生态旅游规划划分为区域生态旅游规划、生态旅游区规划与景点规划三个层次。

生态旅游区规划是生态旅游规划的重要层次，比区域生态旅游规划更详细，是生态旅游规划的核心和重点。其以生态旅游资源为基础，强调景点、服务设施的规划建设是否实现了对生态旅游资源的保护性开发和谋福于当地社区居民。生态旅游景点规划的特点是规划与设计相结合，重点是实体规划、土地利用与设计，要用美学、生态学原理来规划管理自然与文化景观，要协调好自然环境、人文环境和人工建筑的关系，规划内容可以直接指导有关设施的建设和施工。

WTO 的观点是从空间尺度上把旅游规划分为三个层次：国家级旅游规划、区域级旅游规划、地方级旅游规划。旅游专家冈恩 1994 年根据地域规模和性质上的区别，主张把旅游规划分为区域尺度（包括国家级、省级或州级）、目的地尺度和景点尺度的规划。

8.2.4 生态旅游规划的支持系统

支持系统是生态旅游规划顺利开展的基础。随着旅游学科的发展、科学技术的进步和社会管理水平的提高等支持系统的不断发展，生态旅游规划也将取得长足的进展。

生态旅游规划的支持系统如图 8-1 所示。

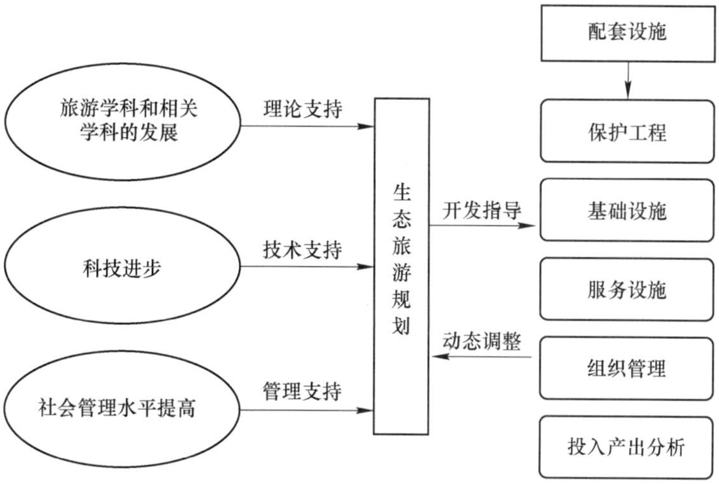

图 8-1 生态旅游规划的支持系统

8.3 生态旅游开发的总体规划

我国国家发展和改革委员会、国家旅游局在 2016 年发布了《全国生态旅游发展规划（2016—2025 年）》(见附录)，规划结合全国各地生态旅游资源特色，将全国生态旅游发展划分为八个片区，对产业规划、环境保护、配套体系等方面进行了总体布局，在建设“绿色中国”“美丽中国”的全新理念指引下，构建了科学合理的生态旅游发展指标体系，对片区发展进行了综合评价，是促进生态旅游行业发展、政策制定的有力保障。

生态旅游开发的总体规划是在生态旅游供需分析的基础上，提出发展生态旅游产业的生态潜力与生态限制条件、空间适宜性分布，以及生态旅游产业发展的政策与措施。

8.3.1 规划目标

生态旅游规划的基本目标是生态旅游资源及环境的保护。因此对其规划的首要目标就是要有效地保护生态旅游地的生态系统多样性、物种多样性、景观多样性及生态旅游资源利用的永续性。

生态旅游规划的第二个目标是旅游地社区经济的发展。它是在不破坏生态环境的情况下，经过形象策划推出独特的生态旅游产品，并通过广告宣传尽量吸引高质量的生态旅游者，力争给生态旅游地带来较好的经济收益，促进旅游资源的良性循环。

规划的其他目标可以因地而异，但先期进行的生态旅游规划还应注意建立生态旅游发展的示范工程技术体系。

8.3.2 发展生态旅游的潜力分析

一个地方旅游资源的基本构成决定了旅游地的性质。在做生态旅游规划时，首先必须弄清当地旅游资源的基本构成，考察它适合开展哪些旅游活动，是否具备发展生态旅游的条件。自然生物多样性是衡量当地能否开展生态旅游的重要标准。生物多样性程度高的地方，生态旅游的价值就大。

在规划、建设各种生态旅游点时，要充分体现生物（包括旅游者和居民）与环境的相融性，利用当地的生物资源，保护与发展生物多样性。生产型生态景观应充分利用农牧基地和各种庭院，建成果、药、木、花、草等有较高经济价值和观光欣赏价值的生态系统。观赏型生态景观应充分利用我国丰富的观赏植物、观赏动物资源。文化型园林景观在创建不同的文化环境生物群落时，要加强对各种文化环境生物群落如风景名胜地、寺庙等的古树名木的保护与复壮。

8.3.3 构建具有地方特色的生态旅游产业结构

生态旅游产业由两大部分组成，一是旅游项目建设与维护，二是为生态旅游提供服务的生态服务业。

（1）生态旅游产业发展的基础是原生性生态系统所提供的特殊旅游资源，生态旅游具有对生态环境的高度敏感性和依赖性。生态旅游景点（区）是生态旅游最基础也是最核心的部分。科学进行规划，合理选择独特的生态旅游景点（区）十分重要，但开发建设生态旅游景点（区）的方案（原则、指导思想、方法、程序、步骤、保障措施等）也很重要。我国云南西双版纳、广西桂林、湖北神农架、湖南武陵源生态旅游区的成功，证明了在构建生态旅游产业结构过程中要科学地选择生态景观区域。

生态旅游项目一般分布在生态环境保存完好的地区。生态旅游项目应主要围绕农林生态系统、动植物园和以自然生态系统为基础的人工生态景观来发展。根据地方的资源基础，将丰富的植物、动物配置在一起，创建花卉园、竹园、经济作物品种园、果树品种园、乡土植物园、中草药园、抗逆植物园、热带鱼类园、鸟园、动物园等适合各种生物生活习性的环境；也可以自然生态系统的景观为背景，创建不同类型的人工景观生态园，如岩石园、热带风光园、沼泽园、水景园等，利用其特定的小气候、小地形、小生境，丰富旅游地的生物种类组成。

（2）生态旅游也包括食、住、行、游、购、娱等活动，只不过这些活动贯彻了生态保护的思想。发展生态旅游业，必须提供配套的全方位的生态化服务。也就是说生态旅游不仅包括旅游活动的生态化，也应包括旅游服务的生态化。

8.3.4 生态旅游产业的适宜性分布

生态旅游产业的适宜性分布是在分析旅游资源潜力和环境敏感性的空间特点的基础上，将各个产业部门在空间上进行合理的布局。

不同的旅游活动对环境的影响不同，不同的自然环境单元或生态系统对旅游活动的敏感性也不一样，有的对环境敏感，易受到旅游活动的损害，而有的表现出较强的抗性和恢复力。环境敏感性分析的目的在于根据生态旅游产业发展的要求，对旅游地内各环境单元和生态系统进行分析与评价，明确各种敏感区域，为生态旅游项目的合理布局奠定基础。环境敏感性分析的对象包括特殊用地敏感区、农田保护区、水土保持及水源涵养区、自然灾害敏感区。特殊用地敏感区是生态旅游点内的特别保护区，目的在于保护、恢复或重建特定类型的生态系统，特殊用地敏感区内不允许铺设道路和设施。农田保护区是为了保护农田与耕地所划定的区域，对于可耕田地，不可用作其他用途。水土保持及水源涵养保护区主要是受地形、土壤等因素影响，不同地理环境单元的水土流失敏感性差异极大的地区。水土保持是生态旅游不可或缺的重要内容。所以，应对水土流失较大的重要河流、水体的集水区加以保护，不允许开展水土流失敏感性大的旅游项目。自然灾害敏感区是自然灾害易发地带，一般不宜开展生态旅游项目。

生态旅游产业的适宜性分布是一种空间性配置计划，着重区位的表现，在明确了各种活动类型的潜力分布和敏感区位之后，找出各种活动项目的适宜区位。通过旅游活动用地的生态潜力与生态限制条件（敏感区位）分析，产生生态潜力与生态限制分类图。然后，利用等级合并规则将生态潜力与生态限制条件的单要素图件叠合，得到各种旅游活动项目的适宜性等级图。再将所有旅游项目的适宜性等级图叠合，做综合分析，最终确定生态旅游项目的适宜性分布图。

8.3.5 生态旅游规划实施方案

8.3.5.1 功能分区

生态旅游地大多数属于自然保护区域，为避免旅游活动对环境造成破坏，同时也为了对游客进行分流及使旅游资源得以优化利用，应对生态旅游地进行功能分区。核心区一般要实行全封闭保护，仅供观测研究。分散游憩区是少量散客游览的对象，步行或允许独木舟一类的简单交通工具进入，游客的规模有严格的限制。密集游憩区是游客集中活动的区域，小汽车一类的车辆可以进入。服务社区是游客休憩的集中场所，各类交通工具可通达。

8.3.5.2 生态旅游地及其产品形象策划

在环境容量允许的前提下，要尽量增加客源，吸引更多的生态旅游者。进行生态旅游地及生态旅游产品的形象策划对达到此目的具有重要作用。生态旅游地的特定地理背景是形象策划的基础，要根据这种特定地理环境，突出生态旅游产品独特性。同时，要加强广告宣传，提高生态旅游地的知名度。当然，形象策划属于锦上添花，不能将其看作是旅游吸引力之本源，最主要的还是生态旅游产品的设计。

8.3.5.3 当地居民参与

生态旅游常与自然保护相联系，与当地居民的切身利益紧密联系在一起，只有在保障当地居民的利益不受损害的情况下，生态旅游才能可持续发展。因此，积极鼓励当地居民参与是必要的。同时，通过当地居民的积极主动参与，可以更好地发挥地方特长和传统，增加生态旅游地的吸引力。开展旅游业可以增加就业机会是人尽皆知的，如增加导游、保卫、环卫、宿舍管理、餐饮服务及手工艺等方面的工作，这些新的就业机会应尽量先满足当地社区居民的需要，改善地方居民的生活将直接缓解他们对旅游资源利用的压力。应当注意的是，地方居民在何种程度上参与到旅游业的各环节需要仔细分析和计划，因为他们需要训练，需要资金及市场的配合。

8.3.5.4 生态旅游区的游人管理

对进入生态旅游区的游客要采取各种有效的方法和利用各种技术实施生态环境意识教育。在一定程度上，游客生态环境意识的增强，是旅游目的地实施生态旅游可持续发展的关键条件，为实施这一目的，可以在以下几方面进行操作：

（1）在旅游区内设立具有环境教育功能的基础设施，如关于生态环境景观的解说系统、引起游客注意环境卫生的指示牌、方便且与环境协调的废物收集系统等；

（2）利用多种媒体，使旅游者接受多渠道的环境保护意识教育，包括门票、导游图、导游册上添加生态知识和注意事项；

（3）增加旅游商品中的生态产品，包括天然食品、饮品；

（4）设置一定的处罚手段。

8.4　生态旅游规划的程序

8.4.1　生态旅游规划编制的前期阶段

8.4.1.1　确定规划目标和保护对象

制定生态旅游规划，首先应确定规划目标，就是规划什么、为什么规划的问题，其次考虑保护的对象。为了实现旅游资源可持续利用，保证旅游区经济的持续性发展，旅游区的资源保护、环境保护与生态保护是至关重要的。若旅游资源和旅游地环境与生态遭到破坏，这些自然界经过亿万年，少则也在万年左右形成的天然景观将永远地不复存在，靠人力是无法恢复或重建的；另外也就失去了旅游区发展旅游业赖以依托的基础。没有吸引人的旅游景观，便失去了游客，与旅游有关的各类服务和产业也就不能生存下去。因此，环境与生态保护不是一时的权宜之计，而是旅游区规划建设始终要贯彻的一项重要方针和政策，要防止环境污染和破坏，把旅游区建设成为一个良性循环、自然与人类协调发展共存的区域空间。

8.4.1.2　生态旅游环境的调查评价

确定开发目标后，应对规划旅游地区域的自然与人文旅游生态环境进行详查、分析与评价。包括其自然概况、珍稀濒危保护动植物生存环境等，以确定需要特殊保护的区域，为旅游开发保护奠定科学基础。并确定旅游地的开发主题，进行旅游形象定位。

8.4.1.3　生态旅游资源的调查与评价

第一，调查规划区域内生态旅游资源的基本情况与开发条件，并进行科学评价，如对资源本身的特性特质进行评价，包括美学价值、科学价值、历史价值等，确定其是否值得开发、如何开发、为谁开发及开发方向如何，为生态旅游资源的合理开发利用和规划建设提供科学基础。第二，旅游区的综合评价，根据规划目标和环境的特征、旅游资源类型的假定，确定生态旅游资源及旅游环境的承载力、景观地域组合、景观的分异度和丰度值、资源分布的形态结构和可进入性评价。第三，旅游区区位条件与依托城市的关系。第四，经济因素方面的评估，包括开发条件、施工条件、地区经济条件、区域经济背景等。第五，旅游区社会和生态环境方面的评价。第六，核定生态旅游开发的规模。

8.4.2　生态旅游规划编制的中期阶段

8.4.2.1　生态旅游客源市场分析

客源市场由国内市场、海外入境市场和国内出境市场三个部分组成。在规划中主要侧重前两个市场，因为它们直接影响旅游业收入，带动经济发展。但是客源市场是不断发展变化的，所以客源市场分析主要是研究旅游需求、旅游客源市场的结构类型和特征，特别是有关旅游需求的行为层次结构。从旅游的供求关系可知，如果没有客源市场，旅游资源开发和旅游区规划就毫无意义，也不会有任何经济效益。所以说旅游客源市场分析是旅游区开发的前提。

客源市场对旅游的需求在一定程度上对旅游区的开发导向有很大影响。旅游区的旅游资源要不要开发，如何开发，采取什么样的开发导向模式，往往有赖于对客源市场进行调查、研究后才好做出决定。客源市场分析的指标主要有：

（1）客源地的地理位置及特征；

（2）客源地的社会与经济发展情况；

（3）对旅游活动的态度和参与兴趣；

（4）年游客人数和经济支出；

（5）主要旅游动机；

（6）客流量随季节的变化；

（7）各类旅游区和旅游活动的逗留作用；

（8）游客的年龄、职业及文化层次、经济收入水平；

（9）游客与旅游目的地的各类关系，如血缘、文化交流、科学协作等；

（10）客源地国家或民族的风俗习惯和信仰等。

在以上客源市场诸因素中，旅游目的地和旅游客源地之间的距离是非常重要的影响因素。

8.4.2.2 旅游区域经济基础评价

旅游开发需要区域经济基础作后盾，没有经济实力，没有足够的开发资金、投资条件、交通、通讯、劳务、水电等，开发工作很难实现。如今，作为第三产业的旅游业是区域生产综合体的重要组成部分，它与区域经济发展的各产业有着密切关系，旅游区的开发必须带动与旅游服务相关产业的兴趣及劳务市场的调整。实践证明，经济发达地区便于旅游资源的开发，另外民族特色与地方特色突出的地区也便于旅游资源的开发，如云南西双版纳地区具有典型的傣族风情，近年来其旅游开发速度相当快，并获得了可观的经济效益，就很好地说明了这一点。

8.4.2.3 旅游区形象策划

已经开发利用的风景名胜区，大多都具有自己特有的主体形象，如广西桂林——桂林山水甲天下，湖南张家界——奇特的“砂岩峰林”，山东泰山——五岳独尊等。新开发的旅游区，游人还不太了解其资源特色，作为规划设计者在一开始就应该根据该区资源的独特性，打出自己的“王牌”，树立主体形象，广泛地进行宣传和促销。

8.4.2.4 生态旅游产品的策划

遵循自然与可持续发展的原则，根据资源条件、市场需求、环境容量，策划相应的生态旅游产品。它包括旅游线路的设计组织、游乐活动规划（垂钓、野营、山果采摘、登山健行等）以及专项旅游规划（如森林保健旅游、红色文化旅游、科普旅游等）。图 8-2 为生态旅游产品设计“双筛法”技术路线图。

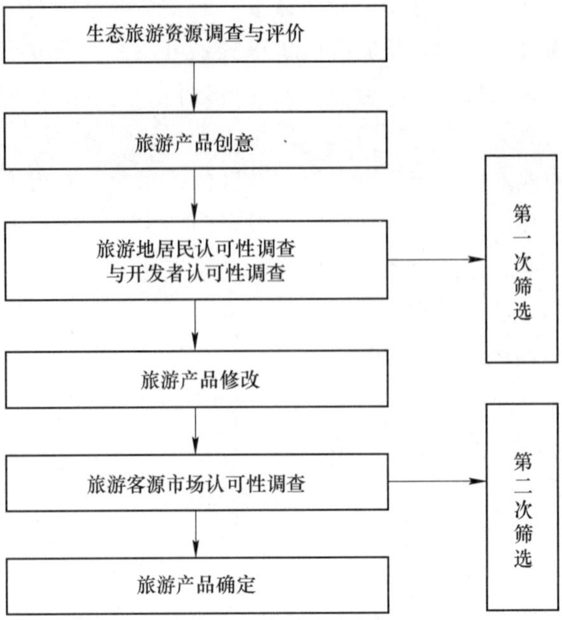

图 8-2　生态旅游产品设计“双筛法”技术路线图

8.4.2.5　生态旅游配套设施规划布局

一个完整的旅游区必须有三个基本条件：第一，具有吸引游客的自然与人文旅游资源；第二，要有布局合理、完善和功能齐全的旅游生活服务设施；第三，要有能满足游客消遣与消费需求的旅游商品生产能力和生产水平。在规划时，应根据本地旅游资源的品位、价值特色和功能与旅游客源市场的需求等来确定其产品导向和企业规模，并兼顾与该区其他企业的关系，尽可能地形成互补和协调的关系，而不是相互竞争。

由于生态旅游地较偏远，因此为满足生态旅游者食、住、行、游、购、娱与环境保护的需求，应规划一定数量的具有地方特色的旅游服务设施，包括以下三类设施：一是基础设施，如交通、通信和水电等；二是旅游接待设施，如游客中心、博物馆、食宿点、游览点、购物商场等；三是环境保护设施，如垃圾收集和处理站、生态厕所等。

8.4.2.6　社区参与机制的拟定

在进行生态旅游规划时，除考虑管理机制、人才培养、资金筹措等支撑体系外，还要充分考虑社区的利益，拟定让社区居民参与生态旅游事业的方案，使社区居民真正从旅游中获得利益。生态旅游可持续发展犹如一个宏观系统，社区参与是不可或缺的环节，是民主思想和民主意识在旅游发展和规划中的体现。因此应创造保证居民参与的咨询机制、居民参与利益分享的机制和培养居民旅游意识和培训居民旅游专业技能的机制等。

8.4.3　生态旅游规划编制的后期阶段

8.4.3.1　形成规划方案

在满足既定的规划目标的前提下，依据规划内容，编制规划草案，再经过进一步的筛选、修改形成最后方案。方案中不仅要有空间上各类设施的布局，从时间纵向上还要有分阶段开发的具体安排，另外还要有生态旅游开发的环境影响评价报告书，为规划方案的优化提供生态学依据。

8.4.3.2 修正反馈

制定规划方案时，应用定性或定量的方法进行初步的评价，根据评价结果分析是否达到规划目标，及时修正规划方案。进入建设实施阶段后，还要进行环境监测，分析旅游开发规划将会给生态旅游区环境带来的影响。根据反馈的信息，及时修正旅游区的规划设计，使规划方案日趋完善，为生态旅游区的可持续发展奠定基础。

附录　全国生态旅游发展规划（2016—2025年）

序　言

我国位于亚欧大陆东部，太平洋西岸，地理位置独特，地形地貌复杂，气候类型多样，生物多样性丰富，已建成各类国家级自然保护地3000余处，为发展生态旅游奠定了坚实的资源基础。为贯彻落实《中共中央国务院关于加快推进生态文明建设的意见》《国务院关于促进旅游业改革发展的若干意见》，加强对国家重点旅游区域的指导，抓好集中连片特困地区旅游资源整体开发，引导生态旅游健康发展，更好地满足人民群众日益增长的旅游休闲消费需求和生态环境需要，编制本规划。

本规划所指生态旅游是以可持续发展为理念，以实现人与自然和谐为准则，以保护生态环境为前提，依托良好的自然生态环境和与之共生的人文生态，开展生态体验、生态认知、生态教育并获得身心愉悦的旅游方式。

规划根据区域资源特色、环境承载力和开发利用现状，将全国生态旅游发展划分为八大片区，明确功能定位和发展方向，实施差别化保护措施，完善基础设施和公共服务，打造生态旅游精品，探索人与自然和谐共生的可持续发展模式。规划是全国生态旅游发展的行动纲领，是推动生态旅游持续健康发展的基础保障。

规划期限自2016年至2025年，规划范围为全国陆地国土空间及内水和领海（不包括港澳台地区）。

第一章　发展基础

一、现状问题

生态旅游作为一种绿色消费方式，自世界自然保护联盟1983年首次提出后，迅速普及全球。20世纪90年代，随着我国实施可持续发展战略，生态旅游概念正式引入中国。经过20多年的发展，生态旅游已成为一种增进环保、崇尚绿色、倡导人与自然和谐共生的旅游方式，并初步形成了以自然保护区、风景名胜区、森林公园、地质公园及湿地公园、沙漠公园、水利风景区等为主要载体的生态旅游目的地体系（见附表），基本涵盖了山地、森林、草原、湿地、海洋、荒漠以及人文生态等7大类型。生态旅游产品日趋多样，深层次、体验式、有特色的产品更加受到青睐。生态旅游方式倡导社区参与、共建共享，显著提高了当地居民的经济收益，也越来越得到社区居民的支持。通过发展生态旅游，人们的生态保护意识明显提高，“绿水青山就是金山银山”的发展理念已逐步成为共识。

与此同时，我国生态旅游发展也存在不容忽视的问题。一些地区对生态旅游的认识不到位，只顾眼前利益、局部利益，不重视资源保护和规划设计，搞竭泽而渔式的开发，造成严重的生态破坏和环境污染。部分地区过分追求门票经济，不考虑资源和环境承载，人为增加保护压力，降低旅游质量。相当数量的景区没有充分发挥生态旅游的科普、教育功能，在产品开发、导游解说上过于肤浅和形象化。部分景区所在的社区参与度低，没有决策建议权，利益共享机制缺失。此外，生态资源的保护监督体系也亟待健全。

二、面临形势

改革开放特别是"十二五"以来，我国旅游业快速发展，旅游已成为城乡居民日常生活的重要组成部分，成为国民经济新的重要增长点。2015 年国内旅游人数达到 40 亿人次，旅游业总收入 4.13 万亿元。预计 2020 年国内旅游人数将突破 70 亿人次，居民人均旅游次数将从目前不到 3 次提高到 5 次左右，旅游产品供求矛盾将持续突出。同时，随着工业化进程加快、城镇化水平提高，人们回归大自然的愿望日益强烈，国内旅游需求特别是享受自然生态空间的需求爆发性增长。旅游消费方式从观光游到观光、休闲、度假并重转变，呈现多样化格局，深层次、体验式、特色鲜明的生态旅游产品更加受到市场青睐，观鸟旅游、探险旅游、科考旅游、生态养生、野生动物观赏等逐渐成为新热点。

但总体上看，我国生态环境仍比较脆弱，生态系统质量和功能偏低，生态安全形势依然严峻，生态保护与经济社会发展的矛盾仍旧突出。十八大明确提出推进生态文明建设，构建生态安全格局，十八届三中全会进一步要求建立空间规划体系，划定生产、生活、生态空间开发管制界限。"十三五"规划《纲要》要求加大生态环境保护力度，为人民提供更多优质生态产品。生态保护作为生态文明建设的重要内容，关系人民福祉，关乎民族未来。为加快推进生态文明建设，更好地满足日益增长的旅游休闲消费需求和生态环境需要，必须加快发展环境友好型、非资源消耗型的生态旅游，有效整合资源，促进融合发展，优化配套体系，加强资源环境国情教育，引导形成正确的生态价值观，树立崇尚生态文明新风尚，推动形成绿色消费新观念，发展负责任、可持续的旅游业，实现人与自然和谐共生。

第二章　总体要求

一、指导思想

全面贯彻党的十八大和十八届三中、四中、五中全会精神，以邓小平理论、"三个代表"重要思想、科学发展观为指导，深入学习贯彻习近平总书记系列重要讲话精神，按照"五位一体"总体布局和"四个全面"战略布局，牢固树立和贯彻落实创新、协调、绿色、开放、共享的新发展理念，以满足人民群众日益增长的旅游休闲消费需求和生态环境需要为出发点和落脚点，以优化生态旅游发展空间布局为核心，以完善生态旅游配套服务体系为支撑，坚持尊重自然、顺应自然、保护自然，强化资源保护，注重生态教育，打造生态旅游产品，促进绿色消费，推动人与自然和谐发展。

二、基本原则

（一）保护优先，合理利用。把保护放在生态旅游发展的首位，正确处理资源保护与利用的关系，坚守生态底线，科学适度开发，推进生态旅游集约化、低碳化、绿色化发展，实现速度、结构、质量、效益相统一，形成节约资源和保护环境的空间格局、产业结构、生产方式和消费模式。

（二）优化布局，突出重点。优化生态旅游发展空间布局，以生态旅游片区为依托，以生态旅游协作区、目的地、线路和风景道为载体，因地制宜，分类指导，推动不同地域生态旅游特色化、品牌化、差别化发展。以集中连片特困地区旅游资源整体开发为重点，探索生态旅游发展推动贫困地区脱贫攻坚的新途径。

（三）统筹协调，融合发展。以建立健全区域合作机制为抓手，在资源保护、产品开发、线路组织、宣传促销等方面开展深度合作，丰富合作方式，提升合作水平，实现一体化发展。以转型升级、提质增效为主线，促进生态旅游与农业、林业、海洋、文化等相关产业和行业融合发展，延伸生态旅游产业链，形成旅游综合服务体系。

（四）创新机制，多方参与。探索创新生态旅游投融资、环境教育、生态补偿等机制，形成生态保护与旅游发展相互促进、良性循环的新模式。坚持市场在资源配置中的决定性作用，充分发挥政府的引导作用，调动各类市场主体、社会组织的积极性，拓宽参与渠道，让当地居民更多分享生态旅游发展红利。

三、规划目标

到 2020 年，一批重点生态旅游目的地和精品线路基本建成，生态旅游基础设施和配套公共服务进一步完善，生态旅游社区参与更加广泛，带动脱贫攻坚取得明显成效，环境友好型、非资源消耗型的生态旅游理念逐步形成，培育一批生态旅游重点品牌，初步形成全国生态旅游发展的基本格局，成为具有一定国际影响力的生态旅游目的地国家。

到 2025 年，以生态旅游协作区、目的地、线路和风景道为主体的总体布局基本确立，区域合作机制更加健全、合作模式日益成熟，生态旅游资源保护、产品开发、公共服务、环境教育、社区参与、营销推广、科技创新体系逐步健全，生态旅游在推动生态文明建设中作用全面发挥，国际竞争力显著提升，成为世界生态旅游强国。

第三章　总体布局

按照全国自然地理和生态环境特征，依据《全国主体功能区规划》《全国海洋主体功能区规划》《全国生态功能区划（修编版）》《全国重要江河湖泊水功能区划（2011-2030 年）》《全国生态保护与建设规划（2013-2020 年）》等相关规划，结合各地生态旅游资源特色，将全国生态旅游发展划分为八个片区。不同片区依托自身优势，明确重点方向，实施差别化措施，逐步形成各具特色、主题鲜明的生态旅游发展总体布局。

一、东北平原漫岗生态旅游片区

本片区包括大小兴安岭、长白山、辽东丘陵森林，三江平原和东北平原湿地，东北平原西部草甸草原，大兴安岭森林草原等生态区域。总面积约 126 万平方公里，涉及辽宁省、吉林省、黑龙江省及内蒙古自治区赤峰市、通辽市、呼伦贝尔市、兴安盟。

重点发展方向是依托森林、湿地、草原及冰雪旅游资源，打造集森林观光度假、冰雪运动休闲、界江界湖界山观光、民俗体验于一体，辐射东北亚的生态旅游片区。加强与日本、韩国、俄罗斯、朝鲜、蒙古国合作，形成图们江流域、日本海等跨境生态旅游线路。

二、黄河中下游生态旅游片区

本片区包括燕山、太行山、山东丘陵、秦巴山地森林，黄土高原农业与草原，汾渭盆地与华北平原农业植被等生态区域。总面积约 92 万平方公里，涉及北京市、天津市、河北省、山西省、山东省、河南省和陕西省。

重点发展方向是依托黄河沿线自然风光与民俗风情、太行山、燕山、秦岭、冀北草原等生态旅游资源，打造兼具黄河与黄土高原观光、山地观光度假、森林湿地休闲、滨海休闲度假等功能的生态旅游片区。大力推动京津冀旅游一体化发展。加快区域生态旅游快速通道建设，建立区域信息交互网，构建多层级、网络化、多部门协同的安全风险防范、应急救援、安全监督机制。积极拓宽国际生态旅游市场。

三、北方荒漠与草原生态旅游片区

本片区包括内蒙古高原东中部典型草原与荒漠草原，内蒙古高原西部山地荒漠，阿尔泰山、天山山地森林草原，柴达木盆地、准噶尔盆地、塔里木盆地荒漠，祁连山森林与高寒草原，帕米尔-昆仑山-阿尔金山高寒荒漠草原等生态区域。总面积约 284 万平方公里，涉及内蒙古自治区（不包含赤峰市、通辽市、呼伦贝尔市、兴安盟）、甘肃省（不包含甘南州）、宁夏回族自治区和新疆维吾尔自治区。

重点发展方向是依托山岳、草原、森林、绿洲、沙漠戈壁、峡谷及冰雪生态旅游资源，打造具有山岳与戈壁观光探险、草原观光休闲、绿洲度假、雪域体验、少数民族文化体验、户外运动探险等特色的生态旅游片区。加强祁连山、六盘山、贺兰山等跨区域生态旅游发展规划与建设。立足连接亚欧大陆和中国内陆地区的区位优势及边境沿线生态景观优势，加强边境地区生态旅游国际合作。

四、青藏高原生态旅游片区

本片区包括藏东-川西山地森林，藏东南热带雨林季雨林，青海江河源区、甘南、藏南高寒草甸草原，藏北高原高寒荒漠草原，阿里山地温性干旱荒漠等生态区域。总面积约 225 万平方公里，涉及西藏自治区、青海省及云南省迪庆州、四川省甘孜州和阿坝州、甘肃省甘南州。

重点发展方向是依托青藏高原高大山脉、江河源区、高寒草原大体量自然生态资源和神秘多姿的人文生态资源，打造具有高原生态观光与休闲、户外运动、文化生态体验、冰川科考、峡谷探险等特色的生态旅游片区。加强基础设施、旅游公共服务设施和生态环保设施建设，强化生态补偿。促进生态旅游业对特色农牧业及其加工业的融合带动作用。

五、长江上中游生态旅游片区

本片区包括武陵-雪峰山与滇中北山地森林，湘赣丘陵山地森林，黔中部喀斯特森林，长江中游平原湿地与农业植被，三峡水库等生态区域。总面积约 145 万平方公里，涉及江西省、湖北省、湖南省、重庆市、四川省（不包含阿坝州、甘孜州）、贵州省和云南省（不包含迪庆州）。

重点发展方向是依托大江大河、湖泊湿地、山地森林、特色地貌景观及苗族、彝族、侗族、哈尼族、傣族等少数民族生态旅游资源，打造具有长江及其支流观光、喀斯特与丹霞地貌观光、亚热带森林观光、山岳与湖泊休闲避暑度假、长江流域民俗体验等特色的生态旅游片区。推动罗霄山区、秦巴山区、武陵山区、乌蒙山区等区域的生态旅游扶贫。利用长江经济带区域发展战略机遇，推动长江流域生态旅游协同发展，建设长江黄金旅游带。

六、东部平原丘陵生态旅游片区

本片区包括浙闽山地丘陵森林，天目山-怀玉山山地森林，长江三角洲湿地与城郊森林等生态区域。总面积约 47 万平方公里，涉及上海市、江苏省、浙江省、安徽省和福建省。

重点发展方向是依托江河、湖泊、山岳、湿地、滨海等生态旅游资源，打造世界自然遗产观赏、江南水乡人文生态体验、江河湖泊湿地观光、滨湖滨海休闲运动等特色的生态旅游片区。强化生态旅游土地利用空间管制，合理确定游客容量，加强跨区生态旅游公共服务体系建设。

七、珠江流域生态旅游片区

本片区包括桂粤山地丘陵森林，桂粤南部热带季雨林与雨林，珠江三角洲丘陵森林与农业植被等生态区域。总面积约 42 万平方公里，涉及广东省和广西壮族自治区。

重点发展方向是依托喀斯特地貌资源、岭南山岳资源、江河湖泊资源、温泉资源和壮族、苗族、瑶族等少数民族人文生态资源，利用毗邻港澳、东南亚的区位优势，打造具有山水观光、湖泊山岳休闲度假、健康养生、中越边关探秘、人文生态体验等特色的生态旅游片区。探索建立珠江上下游地区生态补偿机制，强化规划管控，防止生态旅游资源过度开发。加强与东盟生态旅游合作，构建中越边关生态旅游廊道。

八、海洋海岛生态旅游片区

本片区位于我国东部与南部，涵盖我国领海及管辖海域、海岛（含海南岛），包括渤海、黄海、东海、南海等，拥有红树林、珊瑚礁、海草床等多种典型海洋生态系统及大于 500 平方米的岛屿 6900 多个，总面积约 476 万平方公里。

重点发展方向是依托丰富的海洋海岛资源和海上丝绸之路文化资源，打造具有海上观光、海上运动、滨海休闲度假、热带动植物观光等特色的海洋海岛生态旅游片区。积极推进海南国际旅游岛、平潭国际旅游岛建设，推动三沙生态旅游发展。建设国际邮轮港，开辟东盟海上邮轮航线，打造东南亚生态旅游合作区。

第四章　重点任务

依据生态旅游资源、交通干线和节点城市分布，在八大生态旅游片区基础上，以重要生态功能区为单元，培育 20 个生态旅游协作区，遴选一批有代表性的生态旅游目的地，通过提升基础设施和公共服务水平，建设 200 个重点生态旅游目的地，按照生态要素的线性分布和旅游线路组织的基本原则，形成 50 条跨省和省域精品生态旅游线路，适应日益兴起的自驾车和房车旅游，结合国家整体路网布局，打造 25 条国家生态风景道，形成点线面相结合、适应多样化需求的生态旅游发展格局。

一、培育 20 个生态旅游协作区

按照国家区域发展总体战略，以跨省域大山、大江、大河区域生态资源为基础，选择旅游资源富集、品牌优势显著、交通基础条件较好的区域，突破行政区划限制，建立合作框架和机制，加强区域合作和资源共享，实现错位发展、集群发展。生态旅游协作区要加强旅游标准、管理和服务对接，加强重点景区与高速公路、高等级公路连接线建设，形成以铁路、公路和航空相结合的旅游立体交通系统，实现跨区域联动发展，进一步推进国家生态旅游示范区建设，依托国家重点生态工程，加强生态建设和环境保护，带动区域经济社会发展和生态文明建设。

——燕山太行山生态旅游协作区：重点发展山水休闲游、康体健身游、自然探险游、生态科普游等产品。结合京津等周边城市消费趋势，重点推出适合自驾、生态休闲游的短期旅游线路，构建自驾车房车营地体系。加强河北、山西、内蒙古三省区旅游合作和资源共享。

——环渤海生态旅游协作区：重点发展滨海度假旅游、海洋休闲旅游和海岛生态旅游，培育邮轮、游船、游艇及相关海洋休闲产业。开发环渤海滨海生态休闲度假旅游带，在旅游线路组织、旅游集散体系建设等方面强化合作，逐步建立互送客源、互为旅游目的地的合作机制。

——陕蒙晋豫黄河大峡谷生态旅游协作区：大力发展黄河水域观光、黄河峡谷探险、民族风情体验、沙漠观光探险等产品，深入挖掘天下黄河的文化内涵，塑造黄河风情旅游品牌和总体形象。加强沿黄河旅游基础设施和公共服务体系的衔接，建立客源共享机制，联手整治旅游市场秩序，合力打造体现华夏文明、凸显黄河生态的旅游精品线路。

——大小兴安岭生态旅游协作区：重点发展森林避暑、草原旅游、养生度假、冰雪旅游、边境旅游、民俗体验等产品，组建大小兴安岭旅游联盟，加强区域旅游通道建设，共同开发精品旅游线路，联合打造森林生态旅游特色品牌。

——长白山图们江生态旅游协作区：重点发展边境生态观光、山地度假、森林生态旅游、冰雪旅游、温泉养生和朝鲜族民俗体验等产品，形成鸭绿江-长白山-图们江边境生态旅游带，推进与周边国家旅游合作，实现东北亚地区生态旅游联动发展。

——浙皖闽赣生态旅游协作区：重点发展遗产观光、山地休闲、湖泊度假、科普教育等产品，加强黄山、庐山、九华山、三清山、江郎山、武夷山、龙虎山、泰宁等世界遗产地的深度协作，加快皖南国际文化旅游示范区建设，推进公共服务设施区域一体化，搭建区域联合营销与市场共享平台。

——罗霄山生态旅游协作区：重点发展自然生态观光、山地养生度假、乡村休闲等产品，支持基础设施和生态保护工程建设，加强历史遗址保护和生态旅游品牌宣传推广，推动生态旅游与红色旅游、文化旅游融合发展，促进跨省协作。

——大巴山生态旅游协作区：重点发展山岳生态观光、避暑度假、乡村休闲等产品。创新旅游资源开发模式和旅游产业扶贫机制。加强省际旅游线路连接和区域合作，增强旅游产业整体活力和综合实力。

——大别山生态旅游协作区：重点发展森林休闲度假、科考探险、康体健身、研学旅行等产品，有序推进大别山区旅游精准扶贫，建立区域旅游扶贫成果共享机制，有效带动农户就业增收。建设大别山旅游环线公路，探索建立大别山旅游公共服务平台。

——武陵山生态旅游协作区：重点发展休闲度假养生、康体健身旅游、科普旅游、乡村休闲等产品，加强宜昌市、恩施土家族苗族自治州、张家界市、湘西土家族苗族自治州、铜仁市、渝东南等地区的合作。

——长江中游生态旅游协作区：重点发展水上旅游、自驾车、低空旅游等产品，推动生态旅游与文化旅游、红色旅游融合发展。发挥长江黄金水道和高铁优势，共同打造长江旅游线路和国内外知名旅游品牌。推动区域一体、水陆联动发展，探索生态旅游联合发展模式。

——乌蒙山生态旅游协作区：重点发展自然遗产欣赏、山水观光、乡村生态休闲、人文生态体验等产品，促进生态旅游与民族文化旅游融合发展，加强乌蒙山区域省州市之间互联互通，提升城市、景区和口岸的交通条件，形成以高等级公路为主体的快速旅游通道。

——滇桂黔喀斯特山水生态旅游协作区：重点发展喀斯特山水观光、森林旅游、养生休闲、边关览胜、民族文化体验等产品。探索特色文化与生态旅游融合发展新路径，发展地方特色旅游商品，加大旅游脱贫攻坚力度，加强区域内交通基础设施衔接，形成优势互补的协作发展格局。

——北部湾生态旅游协作区：重点发展滨海度假、滨水旅游、海洋科普、民俗文化体验等产品，完善北海、钦州、防城港城市旅游配套服务设施，建设邮轮游艇码头，加强北部湾与国内其他滨海旅游城市、东南亚滨海国家的旅游合作。

——西江生态旅游协作区：重点发展喀斯特地貌与亚热带动植物观光、湖泊生态休闲、生态养生等产品，培育一批具有区域影响力的特色景点和精品生态旅游线路。推进桂林国际旅游胜地建设，规范巴马长寿养生旅游发展，推动设立崇左中越国际旅游合作区。

——青甘川三江源区生态旅游协作区：重点发展江河源头生态观光、户外特种旅游、民族文化体验、高原休闲等产品，在严格保护的基础上，改善内外部交通，完善旅游配套设施，挖掘生态保护价值、自然景观展示价值、历史文化原真价值，共同推广“三江之源，中华水塔”品牌形象。

——祁连山生态旅游协作区：重点发展山地冰川观光、休闲度假、探险运动和民族风情体验等产品，突出特色旅游城镇建设，破解交通瓶颈，完善沿线旅游服务功能，加强甘肃、青海两省祁连山旅游资源整体开发，建立利益共享、风险共担的联合开发机制。

——昆仑山生态旅游协作区：重点发展自然风貌观光、户外特种旅游、民俗与宗教文化体验、科普教育等产品，体现“万山之祖”的文化内涵，实现昆仑山旅游设施共享、线路联动、协同发展。

——大香格里拉生态旅游协作区：重点发展高原生态观光、科考探险、康体健身、文化体验等产品，建立务实高效的区域旅游合作机制，加强旅游通道对接，强化安全应急救援，完善旅游公共服务设施，不断扩大和提升“大香格里拉”品牌形象。

——贺兰山生态旅游协作区：重点发展生态休闲、避暑度假、岩画欣赏、葡萄酒文化体验等产品，打造环贺兰山黄金旅游圈和葡萄酒文化长廊，推进贺兰山区域旅游公共服务设施标准化建设，打造统一的服务标准、服务标识和票务系统平台。

二、建设200个重点生态旅游目的地

依托各类国家级自然保护地，按照向贫困地区、生态脆弱区和生态屏障区倾斜的原则，考虑资源禀赋、交通可达性、开发潜力、示范带动性等因素，在全国范围内遴选出200个重点生态旅游目的地（专栏一），坚持保护优先，高水平规划，高标准建设，加大支持力度，提升公共服务水平，打造受国内外游客欢迎的生态旅游品牌。

专栏一　重点生态旅游目的地

1. 东北平原漫岗生态旅游片区：呼伦贝尔草原、兴安盟阿尔山、额尔古纳湿地、克什克腾草原、阿鲁科尔沁草原、大青沟、鸭绿江、辽河口、本溪水洞、金石滩—老虎滩、双台河、棋盘山、旅顺口、长白山、松花湖、查干湖、辉南龙湾群、向海、高句丽、防川、五女峰、五大连池、汤旺河、镜泊湖、亚布力、大兴安岭、乌苏里江、绥芬河。

2. 黄河中下游生态旅游片区：灵山—百花山、密云云蒙山、盘山、大黄堡、辽河源、白洋淀、坝上草原、崇礼—赤城、衡水湖、京西百渡（涞易涞）、雾灵山、五台山、太行山大峡谷、绵山、蟒河、庞泉沟、王莽岭、五老峰、恒山、沁河源、沂蒙山、蓬莱、崂山、微山湖、黄河三角洲、南太行山—云台山、桐柏山、黄河小浪底、老君山—鸡冠洞、伏牛山、豫西大峡谷、丹江、黄河故道、金丝峡、黄龙山、丹江源、秦岭太白山、壶口瀑布、瀛湖、南宫山、黄河大峡谷、华山。

3. 北方荒漠与草原生态旅游片区：腾格里沙漠、巴丹吉林沙漠、额济纳胡杨林、锡林郭勒草原、鸣沙山月牙泉、麦积山、敦煌雅丹、张掖丹霞、平凉崆峒山、六盘山、沙坡头、贺兰山、青铜峡、沙湖、苏峪口、哈巴湖、天山、喀纳斯湖、巴音布鲁克、博斯腾湖、塔河源、白沙湖、可可托海、吐鲁番火焰山。

4. 青藏高原生态旅游片区：九寨沟—黄龙、稻城亚丁、二郎山—海螺沟、香格里拉、雅鲁藏布江、纳木错、林芝鲁朗、珠穆朗玛峰、羊八井、巴松错、昆仑山—可可西里、青海湖、祁连山、年保玉则、德令哈、冶力关、玛曲。

5. 长江上中游生态旅游片区：三清山、井冈山、婺源、鄱阳湖湿地、武功山、庐山、神农架、武当—太极湖、恩施大峡谷、丹江口、张家界、洞庭湖、莽山、崀山、大围山、长江三峡、武隆喀斯特、四面山、金佛山、黔江、蜀南竹海、大峨眉山、光雾山—诺水河、泸沽湖、大渡河峡谷、黄果树、荔波、龙宫、百里杜鹃、梵

净山、赤水、雷公山、马岭河—万峰林、哈尼梯田、西双版纳、石林、玉龙雪山、腾冲、怒江大峡谷、苍山洱海。

6. 东部平原丘陵生态旅游片区：崇明岛、淀山湖、姜堰溱湖、太湖、洪泽湖、天目湖、虞山尚湖、千岛湖、天目山、钱江源、神仙居、江郎山、雁荡山、黄山、天堂寨、天柱山、九华山、巢湖、花亭湖、大金湖、湄洲岛、武夷山、泰宁、清源山、屏南白水洋、鼓岭、东山岛。

7. 珠江流域生态旅游片区：南澳岛、南岭、丹霞山、鼎湖山、珠江口、桂林漓江、巴马、北部湾、大德天、姑婆山、乐业—凤山、龙脊梯田。

8. 海洋海岛生态旅游片区：长山群岛、舟山群岛、庙岛群岛、芝罘岛群、海陵岛、平潭岛、三沙、大洲岛、五指山、东寨港红树林。

三、形成 50 条精品生态旅游线路

以线形生态要素为主轴，突破行政区划限制，强化生态旅游目的地之间的连接，整合区域资源，依托品牌生态旅游景区和主要交通干线，串联旅游节点，连点成线、串景成廊，发挥沿线生态旅游资源的整体优势，构建跨省、省域共 50 条生态旅游线路。

围绕精品生态旅游线路，统一布局生态旅游公共服务设施，在品牌培育、宣传推广、人才培养等方面强化合作，实现优势互补、互利共赢，促进与文化旅游、乡村旅游等融合，形成各具特色的生态旅游线路品牌，打造旅游消费新热点，增强对沿线地区的辐射带动作用。

专栏二　跨省、省域生态旅游线路

1. 跨省生态旅游线路：燕山长城生态旅游线路、太行山山水生态旅游线路、京杭大运河生态旅游线路、环渤海滨海生态旅游线路、黄河中下游华夏文明生态旅游线路、东北边境生态旅游线路、大别山生态旅游线路、武陵山山水民俗旅游线路、长江三峡生态旅游线路、秦巴山地生态旅游线路、滇黔桂喀斯特山水民俗生态旅游线路、大香格里拉生态旅游线路、西北丝路文化生态旅游线路、黄河上游草原风情生态旅游线路、祁连雪山冰川观光探险生态旅游线路、南水北调中线文化生态旅游线路、海上丝路生态旅游线路、南中国海生态旅游线路、长征沿线生态旅游线路、北纬 30 度世界遗产生态旅游线路。

2. 省域生态旅游线路：河北坝上草原生态旅游线路、中国冷极主题生态旅游线路、内蒙古大草原生态旅游线路、浙东沿海海洋海岛生态旅游线路、黄山山脉生态旅游线路、清新福建山水生态旅游线路、山东仙境海岸海岛生态旅游线路、山东黄河入海生态旅游线路、环鄱阳湖生态旅游线路、神农架生态旅游线路、神秘湘西生态旅游线路、桂东北山水生态旅游线路、世界长寿之乡休闲养生生态旅游线路、中越边关探秘生态旅游线路、海南热带风情岛生态旅游线路、三沙海洋海岛生态旅游线路、渝东南山水生态旅游线路、川东自然山水生态旅游线路、川西大九寨生态旅游线路、贵州避暑度假生态线路、云南怒江大峡谷地质生态旅游线路、云南茶马古

道生态旅游线路、西藏318西线生态旅游线路、珠峰生态旅游线路、大漠雅丹探奇生态旅游线路、青海可可西里科考生态旅游线路、青海昆仑溯源生态旅游线路、三江源源头科考生态旅游线路、新疆天山丝路北道生态旅游线路、帕米尔高原生态旅游线路。

四、打造25条国家生态风景道

依托国家交通总体布局，按照景观优美、体验性强、距离适度、带动性大等要求，以国道、省道为基础，加强各类生态旅游资源的有机衔接，打造25条国家生态风景道（专栏三）。

按照主题化、精品化原则，加强生态风景道沿线资源环境保护，营造景观空间，建设游憩服务设施，完善安全救援体系，优化交通管理，实现道路从单一的交通功能向交通、美学、游憩和保护等复合功能的转变。

专栏三　国家生态风景道

1. 太行山风景道（河北石家庄、邢台、邯郸—河南安阳、新乡、焦作—山西晋城、长治）
2. 大兴安岭风景道（内蒙古阿尔山、呼伦贝尔—黑龙江加格达奇、漠河）
3. 黄土高原风景道（内蒙古鄂尔多斯—陕西榆林、延安、铜川、西安）
4. 贺兰山六盘山风景道（内蒙古和宁夏贺兰山、月亮湖、沙坡头、六盘山）
5. 东北边境风景道（辽宁丹东—吉林集安、长白山、延吉、珲春—黑龙江绥芬河）
6. 东北林海雪原风景道（吉林省吉林市、敦化—黑龙江牡丹江、鸡西）
7. 东南沿海风景道（上海—浙江杭州、宁波、台州、温州—福建福州、厦门—广东汕头、深圳）
8. 大运河风景道（浙江宁波、绍兴、杭州、湖州、嘉兴—江苏苏州、无锡、常州、镇江、扬州、淮安、宿迁）
9. 华东世界遗产风景道（安徽九华山、黄山—浙江开化钱江源、江郎山—江西上饶—福建武夷山、屏南白水洋）
10. 大别山风景道（湖北大悟、红安、麻城、罗田、英山—安徽岳西、霍山、六安）
11. 沿武陵山风景道（湖北神农架、恩施—湖南湘西—贵州铜仁、遵义、黔东南）
12. 罗霄山南岭风景道（湖南株洲—江西井冈山、赣州—广东韶关）
13. 海南环岛风景道（海南省海口、东方、三亚、琼海、海口）
14. 乌江风景道（重庆武隆、彭水、酉阳—贵州遵义、贵阳、铜仁）
15. 长江三峡风景道（重庆长寿—湖北神农架、宜昌）
16. 川藏公路风景道（四川成都、雅安、康定、巴塘—西藏林芝、拉萨）
17. 西江风景道（贵州兴义—广西百色、柳州、荔浦、梧州—广东封开、德庆、肇庆）

18. 滇桂粤边海风景道（云南富宁—广西靖西、崇左、钦州、北海—广东湛江）
19. 香格里拉风景道（云南丽江、迪庆—四川稻城—西藏昌都）
20. 滇川风景道（云南楚雄—四川攀枝花、凉山、雅安、乐山）
21. 大巴山风景道（陕西西安、安康—四川达州、广安—重庆）
22. 祁连山风景道（青海门源、祁连—甘肃民乐、张掖）
23. 青海三江源风景道（青海西宁市、海北州、海南州、果洛州玛多县、玉树市）
24. 天山世界遗产风景道（新疆霍城县、巩留县、新源县、特克斯县、和静县）
25. 中巴公路风景道（新疆喀什—塔什库尔干—红其拉甫口岸）

第五章　配套体系

一、资源保护体系

加强对生态旅游资源的分级分类保护。根据地文景观、生物景观、水文景观、气象气候景观、人文生态景观的不同特点制定相应保护措施，做好与相关规划的协调衔接，优化旅游项目的建设地点，合理确定建设规模。在自然保护区的核心区和缓冲区、风景名胜区的核心景区、重要自然生态系统严重退化的区域（如水土流失和石漠化脆弱区）、具有重要科学价值的自然遗迹和濒危物种分布区、水源地保护区等重要和敏感的生态区域，严守生态红线，禁止旅游项目开发和服务设施建设。

景区建设要因地制宜、方便简洁，鼓励采用节能、轻型、可回收利用的材料设备，实施绿色旅游引导工程，在旅游景区、宾馆饭店、民宿客栈等各类生态旅游企业开展绿色发展示范。落实生态旅游相关企业的环保责任，实施能源、水资源、建设用地总量和强度双控行动，完善市场调节、标准控制、考核监管和奖惩机制。

建立游客容量调控制度，科学合理确定游客承载量，重点生态旅游目的地特别是大江大河源头区、高山峡谷区、生态极度脆弱区等地区，按照《景区最大承载量核定导则》，严格限定游客数量、开放时段和活动规模，健全资源管理、环境监测等其他保护管理制度，严格评估游客活动对景区环境的影响，规范景区工作人员和游客行为。

二、公共服务体系

大力推进生态旅游交通服务设施建设，加快建设重点生态旅游目的地到中心城市、干线公路、机场、车站、码头的支线公路，以及重点生态旅游目的地间专线公路，构建重点生态旅游目的地与主干线之间的便捷交通网络体系，鼓励推行绿色交通，建立便捷的换乘系统。围绕精品生态旅游线路，支持有条件的地方依据相关规划，结合实际需要新建或改建一批支线机场，增加至主要客源地城市航线，实施交通配套服务工程。

依托重点生态旅游目的地、精品生态旅游线路和国家生态风景道，建设 1000 个自驾车、房车停靠式营地和综合型营地。鼓励生态旅游宣教中心、生态停车场、生态厕所、绿色饭店、生态绿道等生态设施建设。实施公共服务保障工程，支持重点生态旅游目的地游客聚集区域的旅游咨询中心建设，支持区域性的旅游应急救援基地、游客集散中心、集散分中心及集散点建设。健全旅游信息发布和安全警示功能，完善生态旅游保险体系和应急救援机制，提高突发事件应急处理能力。

三、环境教育体系

将生态旅游作为生态文明理念的传播途径，把生态旅游环境价值观和道德观教育纳入社会主义精神文明建设体系，提升环境教育质量，培养生态旅游者尊重自然、顺应自然、保护自然的意识。

完善生态旅游环境教育载体，有序建设自导式教育体系和向导式教育体系。加强解说牌、专题折页、路边展示、解说步道、体验设施、小型教育场馆、新媒体等载体建设，强化从业人员岗前培训和技能培训，提高解说水平和活动策划能力，开展形式多样的环境教育活动，编写具有地方特色的解说词，鼓励提供多语种服务，满足国际游客需求，提高环境教育的科学性、体验性和实用性。

推进环境教育社会参与。实施环境教育示范工程，鼓励企业、公益机构等在重点生态旅游目的地建设环境教育基地。鼓励通过志愿者服务等公益性活动推动环境教育。支持结合当地社区发展开发乡土环境教育教材，开设自然学校，为中小学生提供认知自然的第二课堂。通过开展生态教育，加深游客环境认知，提高环境保护意识。

四、社区参与体系

完善生态旅游社区参与机制，细化社区参与主体、途径、方式、程序和保障，明确外来企业在生态旅游发展过程中对当地生态环境和社区居民的责任，企业收益以一定形式返还当地居民。景区内经营性设施的特许经营，在同等条件下优先考虑当地居民和企业，聘用管护人员等职工时，在同等条件下优先安排当地居民。支持社区居民组织利益共同体，建立投资风险共担、投资收益共享的良性发展机制。

重视生态旅游的扶贫带动作用，依托乡村旅游富民工程，探索符合地方实际的生态旅游扶贫模式。大力发展生态旅游职业教育，提升社区居民素质和从业技能，增强参与生态旅游发展的能力，重点在生态环境建设、生态资源保护、生态解说与环境教育、生态旅游开发运营等环节扩大就业。

五、营销推广体系

塑造全国生态旅游整体形象，推出国家生态旅游形象宣传口号、宣传片和形象标识，鼓励各地进行独具地域特色的生态旅游形象。完善品牌管理体系，促进中国生态旅游国际知名度和美誉度的提升。

加强生态旅游市场的差别化营销推广，着力开发京津冀、长三角、珠三角等国内生态旅游主体市场，适度开发东部中小城市、中西部城市群、中东部经济发展较快的农村等国内生态旅游新兴市场。培育生态旅游市场，引导开发野生动植物观光、生态养生、户外探险、深海体验等生态旅游，积极发展入境旅游，加强市场秩序维护和舆论监督。

六、科技创新体系

推广有助于生态旅游发展的先进技术，加强虚拟现实技术等新技术在生态旅游中的应用，探索重要和敏感的生态区域的虚拟现实技术展现，优化旅游体验。促进移动互联网与生态旅游融合，通过移动终端、门户网站、计算机应用程序促进旅游供给与需求的有效对接，提升生态旅游产品服务质量。

把生态旅游装备纳入相关行业发展规划，制定完善安全性技术标准体系，支持企业开展生态旅游装备自主研发，按规定享受国家鼓励科技创新政策，鼓励企业自建或与高校院所联合共建生态旅游创新研发平台。

加强生态旅游基础理论研究，指导发展实践。探索建立生态旅游产业统计体系，明确生态旅游统计指标口径和测算方法。建立全国生态旅游数据库，及时掌握生态旅游市场、生态旅游影响等相关数据。

专栏四　生态旅游配套体系重大工程

1. 资源保护利用工程：支持国家级风景名胜区、国家级自然保护区、国家森林公园、国家地质公园、世界文化自然遗产地等重要生态旅游资源的保护监测、展示利用以及道路、水电等配套基础设施建设。

2. 交通配套服务工程：完善生态旅游协作区、重点生态旅游目的地的交通服务体系，合理布局机场、铁路站点。加快太行山旅游快速通道、沿黄旅游快速通道、跨黄河旅游连接通道、环绕伏牛山、大别山、大长白山、中越边关的旅游快速通道建设。支持依托国家生态风景道的自驾车房车营地和依托精品生态旅游线路的邮轮码头建设。合理规划公共旅游和私人游艇码头，建成一批游艇码头和游艇泊位。

3. 公共服务保障工程：支持重点生态旅游目的地所在城市机场、火车站、汽车站、码头、高速公路服务区、商业集中区等游客聚集区域的旅游咨询中心建设；支持区域性的旅游应急救援基地、游客集散中心、集散分中心及集散点建设。

4. 重点景区建设工程：支持重点生态旅游目的地到交通干线的连接路，景区内的道路、步行道、停车场、厕所、供水供电设施、垃圾污水处理设施、消防设施、安防监控设施、解说教育系统、应急救援设施、游客信息服务设施以及环境整治等。

5. 乡村旅游富民工程：支持乡村旅游富民工程重点村的道路、步行道、停车场、厕所、农副土特产销售中心、供水供电设施、垃圾污水处理设施、消防设施以及环境整治等建设。对乡村旅游扶贫重点村的农家乐等，重点支持实施“三改一整”工程（即改厨、改厕、改房间、修整院落）项目。

6. 绿色旅游引导工程：支持旅游景区、宾馆饭店、民宿客栈等各类生态旅游企业开展绿色发展示范，通过节水节电、绿色低碳升级改造项目等，引导生态旅游绿色化、低碳化发展。

7. 环境教育示范工程：开展“千名环境友好旅游者”活动。鼓励企业、公益机构等在重点生态旅游目的地建设环境教育基地。

8. 人才队伍建设工程：实施“研究型英才”“创新创业型英才”“实践服务型英才”“双师型英才”“旅游企业拔尖骨干管理英才”“技术技能工作室”等旅游人才建设项目，遴选培养2000名以上生态旅游专门人才。

第六章　实施保障

一、加强组织领导

国家发展改革委、国家旅游局要强化部门合作，加强对生态旅游发展重大问题的指导。国家旅游局要做好重点生态旅游协作区的统筹协调。各有关部门要按照职责分工落实好相关工作，加强生态旅游发展规划与生态保护、资源管理、交通运输等相关规划的有效衔接。各级政府要加强领导、统筹兼顾、落实责任，进一步完善工作协调机制。地方发展改革和旅游部门要加强沟通协调、科学规划、突出重点，细化分解各项任务，推动生态旅游的资源保护、社区参与、设施建设和区域合作等。要建立健全规划评估机制，及时总结规划落实情况。

二、加大政策扶持

各级人民政府要加大对生态旅游发展的投入。中央预算内投资要重点向生态旅游协作区、重点生态旅游目的地、精品生态旅游线路、国家生态风景道等相关项目倾斜。安排旅游基础设施专项建设基金项目时要加大对生态旅游项目的支持。鼓励有条件的地方政府设立生态旅游专项扶持资金，引导银行业金融机构针对社区经营特点和融资需求特征，创新产品和服务。发挥政府融资性担保机构和再担保机构作用，完善风险分担机制。鼓励风险投资、创业投资等支持社区生态旅游项目。推动多渠道股权融资，利用新型金融机构和融资服务机构，促进社区创业。支持企业通过政府和社会资本合作模式投资、建设、运营生态旅游项目。

三、加强协调合作

加强各地政府之间沟通协调，鼓励生态旅游协作区相关省（区、市）加强区域合作，建立多层级、多形式的沟通机制，协调解决区域生态旅游发展重大问题，合作举办联合宣传、协同推广等重要活动，探索建立生态旅游目的地多元化生态补偿机制，推进生态旅游协作区区际、区内的横向补偿。加强中央、地方各级政府的上下联动，支持经济欠发达地区生态旅游设施建设，加大在生态旅游产品设计、宣传推广、人才培养等方面的帮扶力度。加强与国际组织、旅游院校、旅游企业合作，跟踪生态旅游国际前沿研究，重视成果推广转化，建立科研教学、培训实践合作平台，联合开展科学研究。积极参与生态旅游国际标准规范的制定，扩大影响力。

四、强化人才保障

突出培养创新型科技人才，重视培养领军人才和复合型人才，大力开发生态旅游发展重点领域急需紧缺专门人才，支持引导生态、生物、地质、环保、林学等相关专业开设生态旅游课程，与旅游专业联合培养生态向导、专业解说等各类适用人才。统筹抓好企业经营管理人才、专业技术人才等人才队伍建设，营造充满活力、富有效率、更加开放的创业就业环境。鼓励重点生态旅游目的地建立专家咨询委员会，加强规划开发、产品设计等方面的专业指导。

发展改革委

旅游局

2016 年 8 月 22 日

参考文献

[1] 陈小春．旅行社管理学［M］．北京：中国旅游出版社，2002.

[2] 卢云亭，王建军．生态旅游学［M］．北京：旅游教育出版社，2004.

[3] 彭少麟．恢复生态学［M］．北京：气象出版社，2007.

[4] 杨桂华，钟林生，明庆忠．生态旅游［M］．北京：高等教育出版社，2000.

[5] 陈玲玲，严伟，潘鸿雷．生态旅游——理论与实践［M］．上海：复旦大学出版社，2012.

[6] 张建萍．生态旅游理论与实践［M］．北京：中国旅游出版社，2001.

[7] 吴章文，文首文．生态旅游学［M］．北京：中国林业出版社，2014.

[8] 张广瑞，等．生态旅游政策与规划［M］．天津：南开大学出版社，2005.

[9] 何兴元．应用生态学［M］．北京：科学出版社，2004.

[10] 张建萍．生态旅游［M］．修订版．北京：中国旅游出版社，2017.

[11] 洪韬．生态旅游学［M］．北京：中国林业出版社，2020.

[12] 佟玉权，王辉．环境与生态旅游［M］．北京：中国环境科学出版社，2009.

[13] 杨桂华．生态旅游景区开发［M］．北京：科学出版社，2004.

[14] 全华．生态旅游区建设的理论与实践［M］．北京：商务印刷馆，2007.

[15] 张建萍．生态旅游［M］．北京：中国旅游出版社，2008.

[16] 杨桂华，钟林生，明庆忠．生态旅游［M］．3 版．北京：高等教育出版社，2017.

[17] 中国生态学会旅游生态专业委员会，等．生态旅游发展工作手册［M］．北京：中国建筑工业出版社，2011.

[18] 李建龙．城市生态与旅游经济导论［M］．北京：化学工业出版社，2007.

[19] 李俊清，石金莲．生态旅游资源［M］．北京：中国林业出版社，2007.

[20] 申葆嘉．旅游学原理：旅游运行规律研究之系统陈述［M］．北京：中国旅游出版社，2010.

[21] 钟永德，袁建琼，罗芬．生态旅游管理［M］．北京：中国林业出版社，2006.

[22] 张广瑞．生态旅游的理论与实践［J］．财贸经济，1999（8）：43-49.

[23] 郭来喜．中国生态旅游——可持续旅游的基石［J］．地理科学进展，1997，16（4）：15-16.

[24] 康宏成，李永文．浅论生态旅游规划的原则、问题与对策［J］．全国商情（理论研究），2010（1）：91-94.

[25] 刘家明，杨新军．生态旅游地可持续旅游发展规划初探［J］．自然资源学报，1999，14（1）：79-82.

[26] 卢云亭．生态旅游与可持续旅游发展［J］．经济地理，1996（1）：106-112.

[27] 李海军，杨阿莉．我国生态旅游资源分类的研究综述［J］．湖南工程学院学报，2007，17（4）：13-16.

[28] 明庆忠，李宏，徐天任．试论生态旅游环境保育［J］．桂林旅游高等专科学校学报，2000，11（4）：55-59.

[29] 徐广辉，包建明．生态旅游资源及开发与保护机制初探［J］．桂林旅游高等专科学校学报，2006，17（4）：456-458.

[30] 王建军．生态旅游资源分类与评价体系构建［J］．地理研究，2006，25（3）：507-516.

[31] 梁慧．国际生态旅游发展趋势展望［J］．当代经济，2007（1）：72-73.

[32] 钟林生．论生态旅游者的保护性旅游行为［J］．中南林学院学报，2000，20（6）：62-65.

[33] 曾菲菲，罗艳菊，毕华．生态旅游者——甄别与环境友好行为意向［J］．经济地理，2014，34（6）：182-187.

[34] 罗明义．生态旅游可持续发展——亚太地区部长级会议述评［J］．旅游学刊，2002（3）：75-78.

[35] 刘家明．生态旅游及其规划的研究进展［J］．应用生态学学报，1998，9（3）：327-331.

[36] 田里，李常林．生态旅游［M］．天津：南开大学出版社，2003.

[37] 李群，沙涛．中国生态旅游发展报告（2021-2022）［M］．北京：社会科学文献出版社，2021.

[38] 高俊，孙瑞红．生态旅游学［M］．北京：高等教育出版社，2010.

[39] 张弦．生态旅游［M］．厦门：厦门大学出版社，2006.

[40] 严力蛟．生态旅游学［M］．北京：中国环境科学出版社，2007.

[41] 杨桂华，钟林生，明庆忠［M］．北京：高等教育出版社，2017.

[42] 李俊清，石金莲，刘金福．生态旅游学［M］．北京：中国林业出版社，2003.

[43] 张弦．生态旅游［M］．厦门：厦门大学出版社，2006.

[44] 杨桂华，钟林生，明庆忠［M］．生态旅游．北京：高等教育出版 2000.

[45] 冯若梅．旅游业营销［M］．北京：企业管理出版社，1999.

[46] 谢彦君．基础旅游学［M］．北京：中国旅游出版社，2001.

[47] 汪华斌，周玲［M］．生态旅游开发．北京：科学出版社，2000.

[48] 罗明义．生态旅游可持续发展——亚太地区部长级会议述评［J］．旅游学刊，2002，17（3）：75-78.

[49] 梁慧．国际生态旅游发展趋势展望［J］．当代经济，2007（1）：72-73.